Rönicke | Emanzipation. 100 Seiten

AF177560

# ✳ Reclam 100 Seiten ✳

KATRIN RÖNICKE, geb. 1982, ist Journalistin und Podcasterin. Sie ist Mitgründerin des Podcastlabels »hauseins« und arbeitet unter anderem für *Deutschlandfunk Kultur* und *audible*. Bei Reclam erschien von ihr außerdem *Sex. 100 Seiten*.

Katrin Rönicke

# Emanzipation. 100 Seiten

Reclam

2018 Philipp Reclam jun. GmbH & Co. KG,
Siemensstraße 32, 71254 Ditzingen
Umschlaggestaltung: zero-media.net
Umschlagabbildung: FinePic®
Infografik (S. 22 f.): Infographics Group GmbH
Bildnachweis: S. 14 Wikimedia Commons; S. 29 University of
Glasgow Library, Special Collections; S. 42 f. gemeinfrei;
S. 63 Library of Congress; S. 67: picture alliance / AP photo;
S. 87 Ytasha L. Womack, Künstler: John Jennings;
Autorinnenfoto: CC BY-SA 2.0 Fiona Krakenbürger
Druck und Bindung: Kösel GmbH & Co. KG,
Am Buchweg 1, 87452 Altusried-Krugzell
Printed in Germany 2019
RECLAM ist eine eingetragene Marke
der Philipp Reclam jun. GmbH & Co. KG, Stuttgart
ISBN 978-3-15-020439-9

Auch als E-Book erhältlich

www.reclam.de

Für mehr Informationen zur 100-Seiten-Reihe:
www.reclam.de/100Seiten

# Inhalt

## Vorwort: Vom Baum der Erkenntnis bis Google

Warum ein Buch über Emanzipation? Ist das nicht ein ziemlich altmodisches Wort? Eines, das man heute kaum noch benutzt? Es stimmt wohl: Emanzipation klingt für viele nach einem Wort aus vergangenen Zeiten. War das nicht irgendwas aus den Siebzigern und mit Frauen? – Ja, auch. Aber Emanzipation ist viel mehr als das! Schaut man in die Geschichte der Menschheit, ist sie überall: Es beginnt mit der biblischen Geschichte von Adam und Eva, die Früchte vom Baum der Erkenntnis pflücken und sich damit von Gott emanzipieren – aber leider daraufhin aus dem Paradies fliegen. Um Emanzipation handelt es sich immer dann, wenn Menschen sich aus dem Zustand einer Unterdrückung oder Unmündigkeit *befreien*. Das Ende des Mittelalters und die einsetzende Renaissance, das aufstrebende Bürgertum, die Bibelübersetzungen Martin Luthers, die Revolutionen in den USA und in Frankreich, das Ende von Absolutismus und Monarchie sowie die Einführung der Demokratie in den neuen Republiken, die Gründung Israels, das Ende der Sklaverei und der Kolonialzeit, die Suffragetten im Kampf für das Wahlrecht der Frauen, die Anerkennung Homosexueller – die Geschichte der Menschheit ist bei genauer Betrachtung eine Geschichte vieler Emanzipationen, und es gibt keinen Grund zu glauben, dass es damit schon vorbei wäre. Denn immer werden Menschen das Bedürfnis haben, frei, selbstbestimmt und unabhängig zu sein.

Bis heute schlagen sich viele Staaten des Globalen Südens mit den Folgen der Kolonialzeit herum – für sie ist der Prozess der Emanzipation noch lange nicht abgeschlossen. Aber auch die reichen Industrienationen geben noch Anlass zu Befreiungsversuchen aller Art: Was ist etwa mit der Emanzipation des Mannes? Wie frei ist ein Mensch, wenn er ohne Geld nicht überleben kann? Gibt es wirklich nur zwei Geschlechter und nichts dazwischen? Auch im Kleinen spielt Emanzipation immer wieder eine Rolle: In Familien und Beziehungen, in unseren Arbeitsverhältnissen und nicht zuletzt in unserem Bild von uns selbst sind wir mit einer Reihe von Abhängigkeiten konfrontiert, die mit Zwängen und Unterdrückung zu tun haben. Viele kennen beispielsweise Konflikte mit einem herrischen Vater oder das Problem, dass die ganze Fürsorgearbeit an den Frauen in der Familie hängenbleibt.

Emanzipation hat daher kein richtiges Ende – weder für die einzelne Person noch global gesehen: Die ganze Menschheit erkämpft sich von Generation zu Generation neue Freiheiten, und doch scheint es, als ob jede neue Freiheit mit einer neuen Unterdrückungsform einhergehe. Jede Epoche erfordert deswegen neue Emanzipationen, etwa von der Kirche, von kolonialistischen Unterdrückern oder von den Männern, die über uns Frauen bestimmten. Ja, das Ende des Mittelalters, die Reformation, der Beginn des Kapitalismus und die Demokratie haben viele äußere Zwänge abgeschafft – aber bei genauem Hinsehen bringen sowohl die Neuzeit als auch Kapitalismus und Demokratie neue Formen von Ungleichheit und Diskriminierung mit sich.

Meine Freundin Alex hat sich zum Beispiel von Facebook
unabhängig gemacht – eine digitale Emanzipation. Der britische Autor und Faulheitsphilosoph Tom Hodgkinson hat sich
vom Leistungsdiktat emanzipiert. Moderne Städter befreien
sich aus der Abhängigkeit vom Auto, und auf dem Land emanzipieren sich viele Menschen von der Beschleunigung. Junge
Leute emanzipieren sich von den Erwartungen ihrer Eltern,
oder sie kämpfen gegen konkrete Diskriminierungsformen
wie Rassismus oder Islamophobie. Emanzipation ist ein Impuls, der sich nur gewaltsam unterdrücken lässt. Beispielsweise gehen im Iran seit Dezember 2017 jeden Mittwoch Frauen
auf die Straße und schwenken ihr Kopftuch aus Protest gegen
das Gesetz, das sie zum Tragen des Tuches zwingt – sie haben
sich von der Angst befreit. Selbst wenn sie dafür ins Gefängnis
kommen, hört der gewaltlose Protest nicht auf, so groß ist ihre
Sehnsucht nach einem Ausbrechen aus der staatlich-religiösen
Unterdrückung.

Emanzipation bedeutet wörtlich die »Entlassung aus der vä-
terlichen Gewalt« oder auch die »Freilassung eines Sklaven« –
so steht es zumindest im Etymologischen Wörterbuch von
Kluge. Und wenn man die US-amerikanische Geschichte betrachtet, kommt man an diesem Begriff nicht vorbei: Da ist

etwa die Emanzipationsproklamation (*Emancipation Procla-mation*), 1862 von Abraham Lincoln erlassen, in der die Ab-schaffung der Sklaverei erklärt wurde. Sie trat am 1. Januar 1863 in Kraft und war der Beginn der endgültigen US-weiten Ab-schaffung dieser menschenunwürdigen Praxis, in der schwar-ze Menschen zum Eigentum von weißen geworden waren.

Aber sowohl die väterliche Gewalt als auch die Sklaverei scheinen heute keine Themen mehr zu sein. Heute geht es vielmehr um die Frage: Wer oder was bestimmt über mich? Bewegungen wie *Occupy* sehen vor allem soziale und öko-nomische Ungleichheit als Hindernisse für die persönliche Entfaltung eines jeden Menschen. Sie kritisieren Banken und Finanzspekulationen, die auf Kosten der Mehrheit einigen wenigen zu immensem Reichtum verhelfen. Damit stehen sie geschichtlich alles andere als alleine da: Schon Karl Marx hoffte auf eine große Emanzipationsbewegung durch das sogenannte Proletariat. Er sah im Kapitalismus vor allem ein ausbeuteri-sches und auch unterdrückerisches System – viele teilen diese Diagnose bis heute.

Emanzipation ist auch deswegen heute noch aktuell, weil sich unsere Art der Kommunikation und die Ausgestaltung politischer Debatten mit den digitalen Medien grundlegend verändert hat. Noch vor etwa 20 Jahren waren die Hierarchien eindeutig: Es gab Sender und es gab Empfänger. Radio, Fern-sehen und Presse berichteten, interviewten, hoben hervor und wählten Themen aus – heute kann theoretisch jeder selbst zum Sender werden und sogar eine Revolution mithilfe der sozialen Medien besser koordinieren, wie es zum Beispiel im Arabischen Frühling geschah. Und doch haben uns die neue Freiheit und die neuen Möglichkeiten der Teilhabe an einem öffentlichen Diskurs, einem Diskurs, der nicht einmal vor

Ländergrenzen haltmacht, wieder eine neue Unterordnung eingebracht: Die Monopolisten in der neuen digitalen Welt heißen Google, Amazon und Facebook. Sie beeinflussen in einem enormen Maß, was wir sehen und wie wir es sehen – und nebenbei biegen sie sich unsere bürgerlichen Rechte auf Privatsphäre und Datenschutz erheblich nach ihrem Gusto zurecht.

Meine erste Emanzipation habe ich im Alter von 14 Jahren erlebt. Jahrelang war ich ein Underdog in meiner Klasse gewesen, eine, die nicht »cool« war, es aber unbedingt sein wollte. Dummerweise kam ich aus der ehemaligen DDR, und das war in den 1990er Jahren in der westdeutschen Kleinstadt ein Stigma. Um dennoch cool zu sein, hängte ich mich an die Mitschüler, die »cool« waren: Sie rauchten, trugen stets »coole« Klamotten und trafen sich jeden Nachmittag, um miteinander »abzuhängen«. Damit ihr Glanz auch auf mich abstrahlen möge, verbog ich meine Identität, so weit es nur ging. Ich wurde eine Art Mitläuferin, für sie jedoch nur ein nützlicher Idiot. Nie war ich ein gleichberechtigter Teil der Clique, sondern eher ein fünftes Rad am Wagen – ganz praktisch für die anderen, aber im Grunde eher überflüssig.

Eines Tages beschloss eine Schülerin aus der Clique, dass sie meiner überdrüssig war. Es folgte eine Mobbingkampagne gegen mich, an der sich beinahe alle Mädchen aus meiner Klasse beteiligten. Bei gemeinsamen Treffen zog man dermaßen über mich vom Leder, dass ich am liebsten sterben wollte. Als Reaktion auf diese Ausgrenzung entwickelte ich selbstzerstörerisches Verhalten in Form einer Essstörung. Und obwohl diese Mädchen mich so tief verletzt hatten, wollte ich immer noch nur eines: dazugehören. Ich hatte mich selbst und mein eigenes Glück davon abhängig gemacht, ein Teil dieser Gruppe zu sein, und ich brauchte ein ganzes Jahr, um zu begreifen, wie erniedrigend und zerstörerisch meine Sehnsucht war. Erst dann begriff ich, dass ich damit meine psychische Gesundheit gefährdete, die sogar schon ganz schön ramponiert war. Nur dank einer guten Freundin aus der ehemaligen DDR wurde mir bewusst, dass es besser war, alleine zu sein, als weiter um die Freundschaft dieser Leute zu betteln. Von einen Tag auf den anderen sagte ich alle Cliquentreffen ab, hörte ich auf, die Musik meiner Freunde zu hören, ihre Kleidungsordnung zu befolgen, um ihre Anerkennung zu werben. Ich zog einen Schlussstrich unter diese Zeit, um etwas Neues zu beginnen. Nicht sie bestimmten, was ich tat, trug, hörte und nachmittags unternahm – ich selbst bestimmte nun.

Tatsächlich blieb ich gar nicht lange alleine. Schnell entwickelte sich eine Freundschaft zu einem Mädchen, das einige Zeit vor mir schon einmal die Außenseiterin der Klasse gewesen war und das Mobbing kannte – auch sie hatte sich längst von dem Ideal verabschiedet, von den anderen »cool« genannt zu werden. Plötzlich war da außerdem ein Junge, der mich knutschen wollte, und noch einer, der mit mir gehen wollte – womit meine kühnsten Teenieträume wahr wurden, überraschenderweise ganz ohne dass ich zu den Coolen gehört hätte. Dann traf ich einen Jungen, der auch aus dem Osten kam. Er wurde mein erster Freund und wir verbrachten tolle Jahre miteinander. All das gelang mir, weil ich gelernt hatte, aus mir selbst heraus Sinn und Freude zu ziehen. Genau das machte mich dann für andere unwiderstehlich. Emanzipierte Menschen werden oft von anderen bewundert, denn sie haben meistens Mut bewiesen, Stärke und meistens auch Klugheit, indem sie eine Abhängigkeitssituation überhaupt als solche erkannt und sich dann entschieden haben, diese zu beenden. Sie wagen es, hinterher mit nichts von vorne anzufangen.

So pathetisch das klingt: Die erste Emanzipationserfahrung kann mir keiner nehmen. Immer wieder hilft mir diese Erinnerung aus meiner Jugend dabei, Beziehungen und Verhältnisse zu hinterfragen sowie immer wieder neu zu entscheiden, ob es wirklich so weitergehen soll oder ob ich besser neu anfange. Im Studium, im Job, bei Freundschaften, im Netz. Für uns westliche Menschen mögen keine ganz großen Emanzipationen mehr nötig sein, wie sie damals von den Suffragetten erkämpft wurden, die dafür sorgten, dass Frauen überhaupt wählen können. Wir brauchen keinen Mahatma Gandhi, um uns aus der Kolonialherrschaft zu befreien. Aber wir brauchen immer noch viel Mut, wenn wir das Studium schmeißen, den Vater unserer Kinder verlassen, den Twitteraccount löschen oder den Job an den Nagel hängen wollen.

## Adam und Eva und die Folgen bis ins Mittelalter

In der biblischen Geschichte von Adam und Eva emanzipieren sich die Menschen von Gott. Gerade noch lebten sie in Frieden und ohne Leid oder unerfüllte Bedürfnisse im Paradies, da setzen sie auch schon die ganze Sache aufs Spiel, denn sie wollen vom verbotenen Baum essen, dem Baum der Erkenntnis des Guten und Bösen. Waren sie eben noch eins mit der Natur, verstoßen sie nun gegen die Regeln, die Gott aufgestellt hat. Seitdem ist der Mensch, wie er nun einmal ist: Er leidet wie ein Hund im Kampf um sein Überleben, er weiß, dass er sterben muss, er fühlt sich seltsam abgetrennt vom Rest der Natur wie auch von den anderen Tieren und so fort. Menschsein ist eine Zumutung – immer schon. Die Geschichte von Adam und Eva wurde erfunden, um diese Zumutung zu erklären und zu bewirken, dass sie sich weniger ungerecht anfühlt. Adam und Eva, so diese Erklärung, haben eine Sünde begangen, indem sie sich über Gottes Gebot hinweggesetzt haben. Also ist das, was der Mensch heute ist, nichts anderes als dessen gerechte Strafe für diese Ungehörigkeit!

Man könnte aber auch anders an die Sache herangehen und sagen: Hey cool – Adam und Eva haben sich von Gott emanzipiert! So sieht es auch der Philosoph Erich Fromm (1900–1980), der bereits 1941 in seiner Schrift *Die Furcht vor der Freiheit* bemerkte: »Vom Standpunkt der Kirche aus […] ist diese Handlung eine Sünde. Vom Standpunkt des Menschen aus bedeutet sie hingegen den Anfang der menschlichen Freiheit.« Fromm sieht in den beiden Wesen, die Gott da im Paradies beherbergt, nicht einmal wirkliche Menschen, wenn er außerdem diese »Sünde« als »erste menschliche Tat« bezeichnet und das Leben im Paradies als »vormenschlich«. Kurz: Erst die Emanzipation von Gott macht den Menschen zum Menschen. Darin sind sich Fromm und die Kirche zumindest einig. Doch die Kirche trägt diese Begebenheit lange als eine Schreckensgeschichte vor: Da die beiden gesündigt haben, müssen seither alle Menschen büßen.

Mit einem Schaudern denken deswegen viele Menschen an das Mittelalter. Die Historiker können diese Zeit sicherlich besser erklären, als ich es kann, aber so viel habe ich doch verstanden: Die Strukturen im Mittelalter basierten in erster Linie darauf, dass man keine Wahl hatte. Man wurde in einen bestimmten Stand hineingeboren und gelangte so an einen Platz, der unverrückbar war. »Als Bauer geboren, als Bauer gestorben – Bauer ein Leben lang«, wie der kleine Ritter Trenk in der gleichnamigen Geschichte von Kirsten Boie. Tatsächlich rechtfertigte man diese Unfreiheit indirekt mit der Geschichte vom »Sündenfall«, also von Adam und Eva, denn das, was man war, was einem widerfuhr, das war von Gott genau so gewollt. Deswegen nahm man es auch so hin. Egal, wie arm oder reich einer war, wie gesund oder krank – Gott wollte es eben so. »Das Leben besaß für ihn einen Sinn, der keine Zweifel aufkommen ließ«, sagt Erich Fromm: »Jeder war mit seiner Rolle in der Gesellschaft identisch.« – Fast ein bisschen wie im Paradies also. Das Mittelalter bot damit auch ein gewisses Maß an Sicherheit – nur war diese an Knechtschaft gebunden.

Hinzu kamen verschiedene Macht- und Wissensmonopole, die zur Aufrechterhaltung dieser Knechtschaft notwendig waren. Diese Macht und das Wissen teilten sich die Herrscher – Könige und Fürsten – mit dem Klerus, also den Kirchenoberhäuptern. Die Geschichte von Adam und Eva zum Beispiel wurde mitsamt der ganzen Bibel von den Priestern und Bischöfen überliefert und interpretiert, da die Leute einerseits meistens nicht lesen konnten und andererseits die Bibel bis zur Übersetzung durch Martin Luther nur in der lateinischen Sprache vorlag. Daher hatte die normale Bevölkerung keine Möglichkeit, die Aussagen des Klerus über Gebote, Regeln, Pflichten und Bestimmungen zu prüfen. Vermutlich wären sie auf diese Idee aber ohnehin nicht gekommen, denn ein kritisches Wesen, das hinterfragt und reflektiert, war der Mensch damals noch nicht. Der Historiker Jacob Burckhardt beschrieb diesen Zustand als »träumend oder halbwach«, wie unter einem Schleier seien die Menschen damals in »Glauben, Kindesbefangenheit und Wahn« gefangen gewesen. Dieser Zustand änderte sich mit dem Ende des Mittelalters vor allem durch zwei Faktoren: Erstens kam die Reformation, zweitens eröffnete der Kapitalismus dem Bürgertum eine Möglichkeit, den eigenen Stand zu verlassen.

## Luther und die Reformation

1517 – ein halbes Jahrtausend vor unserer Zeit – schlug Martin Luther (1483–1546) seine berühmten 95 Thesen in Wittenberg an die Schlosskirche an. Darin richtete er sich gegen die Praxis der Kirche, von den Leuten, die ihrer Meinung nach Sünden begangen hatten, Geld zu verlangen und ihnen im Gegenzug die Sünden zu erlassen, auch bekannt als Ablasshandel. Der Ablasshandel war eine Idee zur Sanierung klammer Papst- und Fürstenkassen gewesen. Ihr tatsächliches, göttliches Fundament darf also stark angezweifelt werden – und genau das tat Luther dann auch. Seine 95 Thesen zum Ablasshandel wurden aus dem Lateinischen ins Deutsche übersetzt und verbreiteten sich dank der neuen Erfindung des Buchdruckes ziemlich schnell über das ganze Land – und darüber hinaus. Aber das war nur der Anfang.

*An den christlichen Adel deutscher Nation von des christlichen Standes Besserung* hieß die erste von drei reformatorischen Hauptschriften, die Luther in den folgenden Jahren verfasste. Darin forderte er ein staatliches Bildungswesen, Armenfürsorge sowie die Abschaffung von Zölibat und Kirchenstaat. Zugleich ernannte er quasi alle Getauften zu Priestern – sein Ziel war, die alte Hierarchie zwischen Klerikern und ungebildetem Volk abzuschaffen. Diese Schrift wurde ein großer Erfolg mit großer Reichweite. Luther machte darin seinen Lesern klar: »Allein die Schrift ist die Grundlage des christlichen Glaubens, nicht die kirchliche Tradition.« – Ein echter Akt der Emanzipation!

Sicherlich wäre es eine sehr verengte Sicht auf die Geschichte, wenn man das Ende der Knechtschaft des Menschen im Mittelalter nur dem Jahr 1517 und seinen Folgen zuschreiben würde. Sowohl der Kapitalismus hatte bereits zuvor in Italien begonnen, seine Wirkung zu entfalten, als auch der Humanismus – eine ebenfalls von Italien ausgehende Bildungsbewegung, die sich auf antike Schriften berief. Aber die Reformation gab zusammen mit diesen Faktoren erst den nötigen Anstoß zum Ausbruch der Menschen aus ihrem starren gesellschaftlichen Korsett.

# Die Emanzipation stellt
## das Individuum in den Mittelpunkt

Im Interview gibt der Historiker Matthias von Hellfeld einen Überblick über die verschiedenen Momente der Emanzipation in unserer Geschichte. Welche Denker und Lenker waren von zentraler Bedeutung?

**Gibt es einen historischen Zeitpunkt, an dem die Emanzipation »erfunden« wurde?**

Den zu benennen werden sich Historiker sicher schwer tun, aber immerhin reichen die Versuche, das Individuum in den Mittelpunkt politischen Handelns zu stellen, bis in die griechische Antike zurück. Der Reformer und oberste Beamte in Athen Solon (ca. 640–560 v. Chr.) löste im 6. Jahrhundert v. Chr. die »drakonischen Gesetze« seines Vorgängers Drakon ab und setzte eine Art Teilhabe der Menschen an den Entscheidungen des Gemeinwesens durch. Er ließ die Gesetze aufschreiben, so dass jeder die Regeln des Zusammenlebens prüfen und sich daran halten konnte. Der Willkür der Herrschenden war damit etwas entgegengesetzt. Bei Solon stand das emanzipierte Individuum im Mittelpunkt des Interesses. In den folgenden Jahren wurden die Rechte für den Einzelnen ausgebaut. Beim griechischen Philosophen Protagoras (490–411 v. Chr.) liest sich das so: »Der Mensch ist das Maß aller Dinge«.

Während der Zeit des Humanismus und der Renaissance im 15. und 16. Jahrhundert wurde die griechische Antike wiederentdeckt. Nicht nur die Philosophen galten wieder etwas, sondern mit ihnen auch ihre Auffassungen vom Gemeinwesen und der Rolle des Menschen. Die Entdeckung des Individuums während des Renaissancehumanismus ging unmittelbar auf die griechische Antike zurück, weil sich die Dichter und Denker mit den Originaltexten beschäftigten und deren mittelalterliche Interpretationen außer Acht ließen. Insofern also begann die Emanzipation des Menschen bei den alten Griechen, deren Gedanken zuerst durch die »karolingische Renaissance« der Zeit Karls des Großen (ca. 747–814) vor dem Vergessen bewahrt und archiviert wurden. Über den Renaissancehumanismus kam der Gedanke der Emanzipation des Individuums zu uns in die Neuzeit.

**War die Renaissance also ein emanzipatorisches Unterfangen?**

Da fällt die Antwort eindeutig aus: Ja! Der Mensch wurde während der Renaissance auch mehr und mehr in den Mittelpunkt der Arbeit von Künstlern und Philosophen gerückt. Maler und Bildhauer fertigten zum ersten Mal Detailstudien des menschlichen Körpers an, sie malten die Menschen, wie sie wirklich aussahen – Hände, Gesichter, Füße oder ganze Akte.

Da die Künstler wissen wollten, wie der Mensch funktioniert und wie er unter der Haut aussieht, wurden illegale Obduktionen durchgeführt. Die Kirche wollte das mit aller Macht verhindern, weil sie befürchtete, dass dieses Wissen die Menschen von Gott und der Kirche emanzipieren würde. Diese nahezu biologische Entdeckung des Ich führte tatsächlich zu emanzipatorischen Ideen. Die Reformation Martin Luthers, die am Beginn der Moderne die alte römische Kirche erschütterte, ging von der Idee aus, es gebe eine direkte Verbindung zwischen Gott und den Menschen. Gott nimmt also auch ohne Vermittlung der Kirche jeden Einzelnen wahr und schätzt ihn.

Diese Bedeutung oder Wichtigkeit des Individuums im Sinne Luthers gab es bis dahin in der Kunst nicht. Die Men-

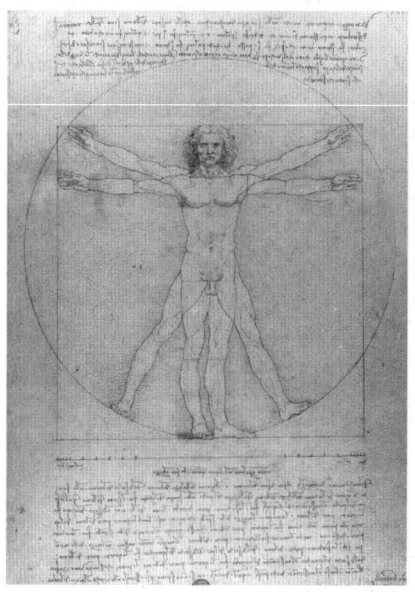

Diese berühmte Zeichnung
von Leonardo da Vinci entstand 1490 und zeigt den
männlichen Körperbau so
detailliert wie realistisch.

schen waren auf Gemälden eher Beiwerk in der Sakralkunst.
Gesichter wurden geradezu schematisch dargestellt. Es galt als
wichtiger, Gott, seinen Sohn Jesus und den Heiligen Geist dar-
zustellen, die alles auf Erden beherrschten und lenkten. Die
Renaissancekünstler hingegen präsentierten den Menschen
in seiner unvergleichlichen Schönheit. Leonardo da Vinci, Raf-
fael, Michelangelo, Albrecht Dürer, Tizian und viele andere
zeigten den Betrachtern zum ersten Mal ihr tatsächliches
Ebenbild und entzogen es dadurch dem Mythos der »gött-
lichen Kreation«. Zwar blieb die religiöse Aufgabe der Kunst
erhalten – schließlich war die Kirche meistens die Auftrag-
geberin –, aber die neuen Bilder signalisierten die gestiegene

Bedeutung des Menschen in der Kunst. Die Künstler schufen ein Abbild der Menschen und nahmen ihnen so den Schleier einer Gotteskreation.

**Welche geschichtlichen Voraussetzungen führten dazu, dass es zur Aufklärung kam?**

Viele Länder Europas waren in der Mitte des 17. Jahrhunderts nach dem Schrecken des Dreißigjährigen Krieges in wirtschaftliche und soziale Schwierigkeiten geraten, Städte und Dörfer waren teilweise niedergebrannt, Familien dezimiert. Lange Zeit hatten marodierende Banden sich genommen, was sie wollten, und vielen Menschen die Lebensgrundlage entzogen. Mehr als vier Millionen Tote verringerten die europäische Bevölkerung auf etwa 70–75 Millionen. Während sich in England mit der »Glorious Revolution« 1689 Parlamentarismus und konstitutionelle Monarchie durchsetzten, begann in Frankreich die Epoche des Absolutismus. Französische Herrscher waren absolutistische Könige aus eigener Machtvollkommenheit, deren Untertanen sich politisch in keiner Weise einbringen konnten. In diesem Klima der Unfreiheit begannen vor allem in Frankreich, aber auch in anderen Ländern Europas, Philosophen darüber nachzudenken, wie diese den Fortschritt behindernden Strukturen überwunden werden könnten, um eine Atmosphäre des rationalen Denkens und Handelns zu schaffen. Sie wollten die Welt mit der Vernunft begreifen und Entscheidungen nach rationalen Kriterien fällen. Man könnte sagen, die Maxime der Aufklärer lautete: »Wissen statt Glauben«.

Zum ersten Mal fanden ihre Gedanken in der amerikanischen Unabhängigkeitserklärung vom 4. Juli 1776 Widerhall. In Frankreich trafen aufklärerische Ideen auf eine Situation großer gesellschaftlicher Ungerechtigkeit: Bauern und Handwerker hatten sämtliche Ausgaben des Staates zu tragen, Adel und Klerus hingegen waren von Steuern befreit. Dass diese unerträgliche soziale Lage ein Ende haben musste, war leicht zu vermitteln. 1789 mündete das in die Französische Revolution. Die Revolutionäre ließen innerhalb kurzer Zeit ihren Worten auch Taten folgen, indem sie ihre Vorstellungen teilweise mit brutaler Gewalt durchsetzten: Sie entmachteten den Adel sowie den Klerus, führten eine Säkularisierung durch, schafften Steuerprivilegien ab und beendeten – jedenfalls für einen gewissen Zeitraum – die Monarchie.

### Was genau bedeutete »Aufklärung«?

Man könnte es sich einfach machen und den Satz von Immanuel Kant (1724–1804) zitieren, wonach die Aufklärung der »Ausgang des Menschen aus seiner selbstverschuldeten Unmündigkeit« sei. Tatsächlich ist dies der prägende Satz der Aufklärung, und er beschreibt auch, was die Aufklärer eigentlich erreichen wollten. Solange dem Menschen durch das Definitionsmonopol der Kirche ein Verhaltenskodex vorgesetzt war, dessen Missachtung Sanktionen nach sich zog, war er eben »unmündig«. Um das Gegenteil zu erreichen, mussten die Menschen umfassend gebildet werden. Würde der »Glaube« (an die Kirche, den Papst und Gott) durch »Wissen« (über alle Zusammenhänge des Lebens) ersetzt, wäre der Mensch in der Lage, eine eigene Entscheidung zu fällen – und damit seine »selbst verschuldete Unmündigkeit« zu verlassen. »Habe den Mut, Dich Deines eigenen Verstandes zu bedienen«, formulierte Kant in seiner 1784 erschienenen Schrift »Was ist Aufklärung?«. Die Verwendung des Verstandes war auf gesicherte Erkenntnisse oder wissenschaftlichen Studien angewiesen, deshalb setzte die Aufklärung auch eine Verwissenschaftlichung der Welt in Gang. Überall sollte der Glaube durch Wissen ersetzt werden, Wissen musste gesammelt und den Menschen zugänglich gemacht werden.

Sichtbarster Ausdruck war die in der Mitte des 18. Jahrhunderts entstandene *Encyclopédie ou Dictionnaire raisonné des sciences, des arts et des métiers*. Die beiden Aufklärer Denis Diderot und Jean Baptiste le Rond d'Alembert sowie 142 weitere Autoren trugen in 35 Bänden dieser »Enzyklopädie des Wissens«, die zwischen 1751 und 1780 erschien, das Wissen der damaligen Welt zusammen. Jeder konnte in diesem vielbändigen Werk nachlesen und erfahren, was die Welt zu dieser Zeit wusste, wie Waren hergestellt wurden oder nach welchen Prinzipien in den Manufakturen gearbeitet wurde.

150 Jahre später entwickelte der Soziologe Max Weber (1864–1920) den Begriff der »Entzauberung der Welt«: Die gestiegene »Intellektualisierung und Rationalisierung«, schrieb er, habe nicht nur die allgemeine Kenntnis der Lebensbedingungen verbessert, sondern auch die Überzeugung verbreitet, dass es »prinzipiell keine geheimnisvollen unberechenbaren Mächte« gebe, sondern dass man alle Dinge – im Prinzip – durch Berechnen beherrschen könne. Das aber, so Weber weiter, »bedeutet die Entzauberung der Welt«. In dieser vollständig rationalen Welt war für die Kirche und den Glauben an einen Gott, die das genaue Gegenteil der Aufklärung darstellten, kein Platz mehr. Dementsprechend waren die Aufklärung und die Französische Revolution, in der einige Gedanken der Aufklärung politisch umgesetzt wurden, ein Frontalangriff auf Papst und Kirche.

**Welche historischen Figuren waren besonders wichtig für die Aufklärung?**

Ein paar Namen ragen heraus aus der Vielzahl der Philosophen, die die Aufklärung beeinflusst haben. Jean-Jacques Rousseau (1712–1778) aus Genf entwarf den »Gesellschaftsvertrag«, der als Ausdruck eines »idealen Gemeinschaftswillens« ein gesellschaftliches Organisationsmodell darstellte, dem sich der aufgeklärte Mensch aus eigenem und freiem Willen unterwerfen könne. Indem der Mensch sich freiwillig unterwerfe, sei er nicht mehr an den Willen der Obrigkeit gebunden, sondern handele aus eigener Überzeugung – so die optimistische Grundidee Rousseaus. In seinem pädagogischen Hauptwerk *Emile oder über die Erziehung* schilderte er die ideale Erziehung. Rousseau stellte sich darin einen Menschen vor, der als Erwachsener in der Lage sein wird, den Gesellschaftsvertrag zu schließen, weil er gelernt hat, dass er eigentlich sich selbst gehorcht, wenn er dem Gesellschaftsvertrag gehorcht.

Der Franzose Voltaire (1694–1778) gehört ebenfalls zu den wichtigsten Aufklärern – mitunter wird das 18. Jahrhundert als »das Jahrhundert Voltaires« bezeichnet. Er kritisierte den Absolutismus und die Feudalherrschaft in Frankreich, galt aber auch als schärfster Kritiker der katholischen Kirche. Die Ideen des Deutschen Immanuel Kant haben sowohl die Amerikanische Unabhängigkeitserklärung als auch die Erklärung der Menschen- und Bürgerrechte von 1789 ebenso beeinflusst wie sämtliche demokratische Verfassungen der Neuzeit und die Deklaration der Menschenrechte durch die Vereinten Nationen von 1948. Auch der Brite John Locke (1632–1704) ist von Bedeutung. Er lieferte die Grundlage einer demokratischen Verfassung, indem er sagte, dass eine Regierung nur dann legitim sei, wenn sie die Zustimmung der Regierten habe. Zudem müsse eine so legitimierte Regierung das Naturrecht auf Leben, Freiheit und Eigentum schützen.

Auf den Franzosen Montesquieu (1689–1755) geht das Prinzip der Gewaltenteilung zurück. Er studierte Aufstieg und Niedergang des Römischen Reichs und stellte anschließend fest, dass die Freiheit des Individuums garantiert werden müsse. Zudem könne eine Gesellschaft nur dann bestehen, wenn Legislative, Exekutive und Judikative strikt voneinander getrennt seien. Dieses Prinzip der Gewaltenteilung gilt bis heute in allen demokratisch verfassten Staaten.

**Gehen wir in der Geschichte ein wenig weiter: Was passierte im 19. Jahrhundert – und wieso wird es eigentlich »lang« genannt?**

Auch das ist unter Historikern durchaus umstritten. Manche bleiben beim kalendarischen Beginn und Ende des Jahrhunderts, andere verweisen darauf, dass wirkmächtige Ideen des 18. Jahrhunderts das 19. Jahrhundert maßgeblich beeinflusst, ja geradezu vorherbestimmt hätten. Die beiden Revolutionen in Amerika und Frankreich von 1776 bzw. 1789 haben politische Ideen in die Welt gesetzt, die auch das folgende Jahrhundert geprägt haben: Freiheit, Gleichheit, Brüderlichkeit waren Fanfarenstöße, die über ganz Europa zu hören waren und zu vielen Revolutionen und Umsturzversuchen im 19. Jahrhundert führten.

Zudem war das 19. Jahrhundert von mindestens zwei Entwicklungen geprägt, die wiederum das 20. Jahrhundert maßgeblich beeinflussten: der Industrialisierung und den Nationalstaatsbewegungen. Die Industrialisierung, die sich im Laufe des 19. Jahrhunderts immer stärker verbreitete, machte viele der zeitgleich entstehenden Nationalstaaten zu Konkurrenten um Rohstoffe, Absatzmärkte oder Kolonien. Einige Historiker sehen im infolgedessen übersteigerten Nationalismus eine der wesentlichen Ursachen für den Ersten Weltkrieg (1914–1918), der die »Urkatastrophe« des 20. Jahrhunderts war. Als Ergebnis dieses Weltkrieges wurde im Vertrag von Versailles 1919 u. a. festgehalten, dass Deutschland und Österreich/Ungarn die alleinigen Verursacher des Krieges gewesen seien. Die Nationalsozialisten riefen nach einer Revision dieses als »Schandfrieden« bezeichneten Vertrags und wollten diese im Zweiten Weltkrieg vollziehen.

Das Ergebnis des Zweiten Weltkriegs war aber nicht die Revision des Vertrags von Versailles, sondern die Spaltung des europäischen Kontinents und die Teilung Deutschlands. Der nach 1945 im »Kalten Krieg« manifestierte Gegensatz zwischen Sozialismus und Kapitalismus bestimmte den größten Teil der weltweiten Nachkriegspolitik. Die politischen Revolutionen in vielen Ostblockstaaten leiteten 1989/90 das Ende des »Kalten Krieges« ein. Die Auflösung des ideologischen Antagonismus zwischen Ost und West revidierte einen Großteil der Ergebnisse der beiden Weltkriege des 20. Jahrhunderts: Viele Staaten des Balkan wurden wieder gegründet, die deutsche und europäische Teilung wurde aufgehoben und die politischen wie ökonomischen Beziehungen zwischen Ost und West normalisierten sich. Insofern kann man sagen, dass das 19. Jahrhundert lang war und von 1776 bis 1914 reichte. Folgerichtig war das 20. Jahrhundert »kurz« und reichte unter diesem Blickwinkel nur von 1914 bis 1990. Derzeit deutet sich allerdings an, dass die politischen Entwicklungen seit den Anfangsjahren des 21. Jahrhunderts wieder zu einer Situation führen könnten, die der des »Kalten Krieges« ähnlich ist.

## Welche Folgen hatte die Industrialisierung für Gesellschaft und Familie?

Das kann man nur erahnen. Der britische Historiker John Hobsbawm (1917–2012) hat gesagt, die Industrialisierung sei die gründlichste Umwälzung menschlicher Existenz gewesen, die jemals in schriftlichen Quellen festgehalten worden sei. Und diese »gründlichste Umwälzung« hat alle Teile der europäischen Gesellschaft massiv verändert. In Deutschland (bis 1866 im »Deutschen Bund«, dann im Norddeutschen Bund und schließlich ab 1871 im Deutschen Reich) sank der Anteil der Landarbeiter von 73 Prozent auf 38 Prozent, während der Anteil der städtischen Arbeiter von 17 Prozent auf 55 Prozent stieg. Das hatte Konsequenzen für Familien, die allein deshalb auseinandergerissen wurden, weil immer mehr Männer der Arbeit hinterherziehen mussten (in die Städte), aber ihre Familien oft nicht mitkamen. Denn in den Städten gab es anfangs für die Heerscharen der Arbeiter nicht genügend Wohnraum, keine Schulen und keine Infrastruktur.

Gleichzeitig wuchs die deutsche Bevölkerung zwischen 1780 und 1914 von 21 auf 68 Millionen, obwohl Millionen Deutsche in mehreren Ausreisewellen ihre Heimat verließen und in die USA auswanderten. Heute haben mehr als 45 Millionen Amerikaner deutsche Wurzeln. Der Anteil der unter 14-jährigen Deutschen lag bei 33 Prozent, während die über 60-Jährigen nur 6 Prozent der Bevölkerung ausmachten. In dieser Zeit hat es auch Hungerkatastrophen gegeben, weil zwischen 1816 und 1847 drei Missernten verkraftet werden mussten. Außerdem überschwemmte englische Massenware, die man aus billigen Rohstoffen aus den Kolonien hergestellt hatte, Teile der kontinentaleuropäischen Märkte. Das löste Absatzeinbrüche und Aufstände etwa der Weber in Schlesien aus.

# — Wer kämpfte für die Emanzipation?

**Solon**
(ca. 640–560 v. Chr.)

Athenischer
Gesellschaftsanaly-
tiker und Reformer
→ S. 12

**Rābia al-Adawiyya al-Qaisiyya**
(ca. 714–801)

Islamische
Mystikerin
und Heilige,
→ S. 78

**Fatima al-Fihri**
(ca. 800–880)

Gründerin
der ältesten
Universität
der Welt,
→ S. 79

**Martin Luther**
(1483–1546)

Wichtiger
Akteur der
Reformation,
→ S. 10 ff.

**John Locke**
(1632–1704)

Englischer Philosoph
und Vordenker der
Aufklärung,
→ S. 18

**Montesquieu**
(1689–1755)

französischer
Staatstheoretiker
und Philosoph
der Aufklärung,
→ S. 19

**Voltaire**
(1694–1778)

Französischer
Philosoph und
Schriftsteller
der Aufklärung,
→ S. 18

**Jean-Jacques Rousseau**
(1712–1778)

Französischer
Schriftsteller und
Philosoph der
Aufklärung,
→ S. 18

**Immanuel Kant**
(1724–1804)

Philosoph der
Aufklärung,
→ S.16

**Olympe de Gouges**
(1748–1793)

Revolutionärin und
Frauenrechtlerin
der Aufklärung,
→ S. 23

**Kate Sheppard**
(1847–1937)

Neuseeländische
Sozialreformerin
und Suffragette,
→ S. 64

**Mahatma Gandhi**
(1869–1948)

Indischer Arzt
und Widerstands-
kämpfer,
→ S. 46

**Carter G. Woodson**
(1875–1950)

US-amerikanischer
Historiker und
Begründer des
»Black History
Month«,
→ S. 39

**Hannah Arendt**
(1906–1975)

Politische
Theoretikerin,
→ S. 57

**Nelson Mandela**
(1918–2013)

Südafrikanischer
Aktivist und
Politiker,
→ S. 46

**Martin Luther King**
(1929–1968)

US-amerikanischer
Baptisten-Pastor
und Bürger-
rechtler,
→ S. 45

**Inwiefern ist das wichtig für die Frage nach der Emanzipation?**

Die neuen gesellschaftlichen Strukturen infolge der veränderten Produktionsbedingungen fanden auch in sozialen Bewegungen ihren Niederschlag: 1849 entstand der erste »gewerkschaftliche« Verband bei den Druckern, rund 10 Jahre später wurde der »Industrie- und Handelstag« gegründet. Fortan standen sich Arbeiternehmer und Arbeitgeber nicht mehr unmittelbar gegenüber, sondern wurden durch Verbände und deren Funktionäre vertreten. 1865 wurde der Allgemeine Deutsche Frauenverein gegründet, die Ziele klingen merkwürdig modern: Gleicher Lohn für Frauen und Bildungschancen verbessern. 1906 folgte die Gründung eines »Wandervogel-Ausschusses für Schülerfahrten in Berlin-Steglitz«. Die in dieser Bewegung versammelten Jugendlichen lehnten die Auswüchse der Industrialisierung mit ihrer Verstädterung und ihrem Materialismus ab, stattdessen propagierten sie den Rückzug in die Natur. Wenig später tauchten die ersten Reformpädagogen auf, die die überkommenen Erziehungsmethoden in Schule und Elternhaus ablehnten und die Jugendlichen frei von Zwang, ganzheitlich und gewaltfrei erziehen wollten. Bei ihnen lebte das Ideal der griechischen Antike wieder auf, nach dem der Mensch im Mittelpunkt der Pädagogik zu stehen habe und nicht die Erfüllung gesellschaftlicher Ansprüche.«

Matthias von Hellfeld lehrt an der Martin-Luther-Universität Halle-Wittenberg. Von Hellfeld ist außerdem Mentor und Vertrauensdozent der Friedrich-Ebert-Stiftung sowie Geschichtsexperte in der Sendung »Eine Stunde History« bei Deutschlandfunk Nova.

# Auf dem Weg zur Aufklärung

## Emanzipation der Männer auf Kosten der Frauen?

Die Literaturwissenschaftlerin Barbara Vinken hat eine etwas andere Sicht auf die Ereignisse, die zuerst durch die Reformation und ein wenig später durch die Aufklärung ins Rollen kamen. Für sie waren beide Prozesse vor allem dadurch geprägt, dass sie die Frauen ins Haus holten und an die Familie banden. Die Reformation, meint Vinken, habe die Familie erst so richtig heilig gemacht. Bei Martin Luther seien noch beide Eltern für die Familie verantwortlich gewesen – jedoch schon mit klar voneinander abgegrenzten Rollen. Der Vater sorgte »für die geistliche Nahrung und die Mutter für die leibliche Nahrung«, so Vinken. Allmählich aber bekam die »Deutsche Mutter« eine Mission: Sie wurde nun zu der Instanz, an der das Heil der Nation hing. Vinken zufolge verfestigten dieses Bild vor allem reformierte Denker wie der Pädagoge Johann Heinrich Pestalozzi (1746–1827) im 18. und 19. Jahrhundert. »Man kann das auch so sagen: Das, was das Hochmittelalter an Idealen entwickelt hat, nämlich das Ideal der geistlichen Mutter, die sich für ihre Kinder opfert, dieses Ideal der geistlichen Mutter wurde projiziert auf die biologische Mutter.« So ist diese Überhöhung und Überfrachtung des heutigen Mutterbildes entstanden.

Dieses Mutterbild sollte noch lange Zeit verhindern, dass Frauen so selbstverständlich wie Männer an der politischen Ausgestaltung der nach den Revolutionen entstehenden Republiken mitwirkten. Ihre Domäne waren Kindererziehung und Haushalt, weder eine gesellschaftspolitische Bildung noch gar ein Studium waren deswegen vorgesehen, und sie durften auch nicht wählen.

Laut Barbara Vinken sind weder Luther noch der große Aufklärer Jean-Jacques Rousseau hilfreich für die Emanzipation der Frauen gewesen – im Gegenteil. Auch wenn viele Rousseaus Sätze »Der Mensch wird frei geboren, und überall ist er in Banden. Mancher hält sich für den Herrn seiner Mitmenschen und ist trotzdem mehr Sklave als sie.« aus dem berühmten Gesellschaftsvertrag wie ein Motto der menschlichen Emanzipation lesen, für Frauen galten sie nicht automatisch. Rousseaus Ansicht war vielmehr: Je weniger man von den Frauen sehe und höre, je mehr sie also an die Kinder und an das Häusliche gefesselt seien, desto besser sei es um eine Republik bestellt. Vinkens Kommentar dazu: »Man kann also sagen: Der Mann hat sich auf Kosten der Frau emanzipiert. Der Mann wird Mensch und die Frau bleibt Frau.«

Auch Mechthilde Vahsen, die ebenfalls Literaturwissenschaftlerin ist, bestätigt, dass die Frauen in der Aufklärung nicht mitgemeint waren. Die drei Schlagworte der Französischen Revolution von 1789, Freiheit, Gleichheit, Brüderlichkeit, galten nicht für sie. Frauen wurde vielmehr in den sich etablierenden wissenschaftlichen Disziplinen Philosophie, Medizin und Biologie, aber auch in der Theologie, ein »natürlicher Geschlechtscharakter« zugeschrieben. »Demnach hatten

Frauen keinen Subjekt-Status«, folgert Vahsen, »sondern be-
nötigten eine Geschlechtsvormundschaft, ausgeübt durch den
Vater, den Bruder oder den Ehemann.« Man unterstellte ihnen
»natürliche« Eigenschaften, etwa Tugendhaftigkeit, Sittsam-
keit oder Fleiß, und knüpfte diese eng an die ihnen zugedachte
Rolle als Ehefrau und Mutter. Wie schon bei Aristoteles, für
den der »freie Bürger« in der Polis nur ein Mann sein konnte,
keine Frau und kein Sklave, wurde auch in der Zeit der Aufklärung die gesellschaftliche Sphäre zweigeteilt: die Öffentlichkeit für den Mann und das Haus für die Frau.

## Ein neues Zeitgefühl

Trotz aller Einschränkungen verdanken wir dem ausgehenden
18. Jahrhundert im Sinne der Emanzipation nun vor allem zwei
große und aufrüttelnde Entwicklungen:
1. Die Emanzipation der Philosophie von der Theologie und
2. Ein neues Verständnis vom Wesen der Zeit, mit dem man
   in Zukunft blicken und das eigene Schicksal in die Hand
   nehmen konnte.
Sicher: Auch in den Jahrhunderten davor, beginnend mit der
Renaissance, gelangte die Philosophie zu neuer Geltung, aber
ganz befreien von den alten Zwängen der Kirche konnte sie
sich erst im 18. Jahrhundert. Die aufklärerische Anfechtung
gottgewollter Unabänderlichkeit, wie sie zuvor von weltlichen
wie religiösen Autoritäten gleichermaßen vertreten wurde,
hätte ohne die Renaissance und die Vordenker aus dem 16. und
17. Jahrhundert nicht stattfinden können.

Zugleich setzte sich die lineare Zeitschreibung durch, wie
sie uns zum Beispiel oft in Schulbüchern begegnet, wenn dort

ein Zeitstrahl einen Überblick über die Geschehnisse einer Epoche geben soll. Zuvor war die Zeit für die Menschen vielmehr etwas gewesen, das man sich als großen Kreislauf vorstellte und das auch eng mit mythischen, kosmologischen oder biologischen Elementarerfahrungen zusammenhing. In einem solchen Zyklus ereignen sich Winter, Frühling, Sommer und Winter nacheinander, und dann beginnt alles wieder von vorn. Leben und Tod lösen einander ab. Ein Sinnbild dafür ist das Rad der Fortuna – der Schicksalsgöttin der römischen Mythologie.

Sogar die Abfolge von Regierungsformen unterlag dieser Vorstellung eines Kreislaufs. Beispielsweise baute der florentinische Philosoph Niccolo Machiavelli (1469–1527) die Idee des Rades der Fortuna in seine politische Theorie über gute Staatslenker ein. Und er glaubte, wie schon der Historiker Polybios im 2. Jahrhundert vor Christi es getan hatte, dass eine Verfassungsform in die andere übergehen müsse. Der zugrunde liegende Gedankengang war: Eine gute Verfassungsform, wie etwa die Demokratie, kann ihrem (moralischen) Verfall nicht entgehen, da der Mensch immer zu Habsucht, Eigennutz und daraus resultierend zu Ungerechtigkeit und Herrschsucht neigt.

Der Kreislauf, in dem aus einer guten Staatsform durch moralischen Verfall eine schlechte wird, beginnt bei der sogenannten »Urmonarchie«, eine Art Gedankenexperiment des Polybios, die in die Tyrannenherrschaft umschwenkt. Letztere wiederum wird von einer guten Aristokratie abgelöst, welche wegen des Machtmissbrauchs der Aristokraten aber in eine Oligarchie mündet, die dann durch die gute Herrschaft aller, der Demokratie, abgelöst wird, um ihrerseits in einer Herrschaft des Pöbels, der Ochlokratie, zu enden. Der Kreislauf schließt sich, wenn ein starker Herrscher die Geschicke an sich

Das Rad der Fortuna in einer Illustration zu Giovanni Boccaccios
*De Casibus Virorum Illustrium* (›Vom Schicksal berühmter Männer‹),
Paris 1467

nimmt und wieder eine Monarchie installiert, denn nur so lassen sich am Ende die Probleme des moralischen Verfalls und des Chaos der Ochlokratie in den Griff bekommen. Dieser Verfassungskreislauf in Polybios' Theorie findet sich in ähnlicher Form auch bei Platon und Aristoteles. Besagte Kreislaufideen der Antike hatten später eine starke Wirkung auf Machiavelli. Auch für ihn war dieser Kreislauf fast unvermeidbar – in seinen *Discorsi (sopra la prima deca di Tito Livio)* schreibt er dazu:

> Alle genannten Formen sind daher unheilbringend, und zwar wegen der Kürze des Lebens der drei guten, und wegen der Verderblichkeit der drei schlechten. Deshalb vermieden die weisen Gesetzgeber, diese Mängel erkennend, jede der drei guten Regierungsformen an und für sich und erwählten eine aus allen dreien zusammengesetzte. Diese hielten sie dann für die festeste und dauerhafteste, da Monarchie, Aristokratie und Demokratie, in einem und dem selben Staate vereinigt, sich gegenseitig überwachen.

Die Kreislaufidee war also derart stark in Machiavellis Denken verankert, dass er mit seinem Entwurf einer idealen Verfassung vor allem einen Weg zu finden hoffte, den Kreislauf zu durchbrechen. In unserer heutigen Gewaltenteilung ist das gewissermaßen angelegt, da sie sowohl aristokratische als auch demokratische Elemente vereint und dafür sorgt, dass die Gewalten in einem Staat einander überwachen.

So gesehen war Machiavellis Ansatz beinahe emanzipatorisch, denn wenn eines zu einer gelungenen Emanzipation gehört, dann ist es die Möglichkeit, aus dem ewig gleichen Kreislauf der Zeit auszubrechen, also gewissermaßen das Rad zu einem Strahl zu biegen. Nur so kann es einem Menschen gelingen, in die Zukunft zu blicken, und nur der Blick in die Zukunft macht den Kopf frei. Wer glaubt, dass sowieso alles wieder von vorne beginnen wird, wird kaum anfangen, sein eigenes Schicksal in die Hand zu nehmen.

Das wissenschaftliche Denken im Zuge der Aufklärung hat die Fesseln des ewigen Kreislaufs abgeworfen. Psychologisch ging damit eine Emanzipation vom alten Glauben an die Unabänderlichkeit der Dinge einher. Und so ist es kein Zufall, dass mit dieser neuen Sicht auf die Zeit auch der Fortschrittsgedanke ins Spiel kommt. »Wissenschaftlich überholt zu werden, ist [...] nicht nur unser aller Schicksal, sondern unser aller Zweck. Wir können nicht arbeiten, ohne zu hoffen, dass andere weiter kommen werden als wir«, schreibt Max Weber in *Wissenschaft als Beruf.*

Der Wunsch nach dem Weiterkommen löst die Vorstellung endgültig ab, dass wir immer wieder zum Ausgang zurückkehren werden. Die Vorstellung eines historischen Hamsterrades, in dem der Mensch gefangen ist, schwindet, und damit legt uns die Aufklärung doch noch alles in die Hände, was wir brauchen, um Emanzipation leben zu können: Es ist die Gewissheit, dass das Morgen anders sein kann als das Gestern. Die Veränderung liegt in der Hand der Menschen. Durch seine Gestaltung kann es zum Fortschritt kommen. Wenn man so will, kann man Webers Satz auch als eine Aufforderung zur Demut vor eben diesem Fortschritt deuten, vielleicht sogar zur Demut vor der Emanzipation?

Wir haben gesehen, dass die Zeit von der Renaissance über die Frühe Neuzeit bis hin zur Aufklärung eine Epoche des Aufbruchs und des Tatendrangs war. Sie hat die Menschen weitergebracht, denn sie haben begonnen, sich zu befreien und nach vorne zu blicken, ihre Zukunft als etwas zu begreifen, das sie gestalten können.

Doch leider galt das nicht für alle Menschen. Einerseits ist diese Emanzipation stets androzentrisch gewesen, also etwas, das sich auf den Mann bezogen hat – zum Teil auf Kosten der Frau. Andererseits war sie auch ein sehr eurozentrisches Unterfangen.

Der Eurozentrismus verleitete vor allem in der Vergangenheit dazu, sich anderen Erdteilen gegenüber als überlegen zu empfinden und das eigene Denken, die eigene Philosophie und die eigene Geschichte als besonders wichtig zu erachten. Im Vergleich hielt und hält man das Denken und die Philosophie anderer Kulturen für weniger wertvoll und wichtig.

Dieses Überlegenheitsgefühl, das auch als »Ethnozentrismus« bezeichnet werden kann, beschränkt sich nicht allein auf Europa, sondern bezieht auch die Gesellschaften mit ein, die aus europäischen Siedlern entstanden sind, wie die USA, Australien, Kanada oder Südafrika. Der Politikwissenschaftler Kolja Lindner hat in seiner Forschung zum »Eurozentrismus bei Marx« herausgearbeitet, dass außerdem ein »orientalistischer Blick« auf nicht-westliche Gesellschaften und ein Entwicklungsdenken, das die europäische Geschichte als Blaupause für Entwicklung und Fortschritt auf der ganzen Welt annimmt, bestimmend sind.

Wenn wir die »Eroberung« der Welt betrachten und uns da-

### Eurozentrismus

Unter Eurozentrismus versteht man eine Verengung der eigenen Sichtweise auf europäische Werte und Normen. Man spricht auch von einer ideologischen Beurteilungsmatrix. Gemeint ist eine Art zu werten und zu beurteilen, die auf bestimmten Ideologien fußt und immer in den festgelegten Kategorien dieser Ideologie bleibt. Kennzeichnend für diese eurozentristische Beurteilungsmatrix ist, dass im Zentrum ihres Denkens und Handelns *nur* die europäischen Kategoriebildungsprozesse und Überzeugungen stehen, das heißt: Für Theorien, Philosophien und Politiken anderer Kulturen ist sie entweder blind oder sieht diese als »minderwertig« an. Ein Beispiel für diese Beurteilungsmatrix ist ein Eintrag im *Brockhaus* von 1854 zu »Europa«, in dem es heißt: »[Europa ist seiner] terrestrischen Gliederung wie seiner kulturhistorischen und politischen Bedeutung nach unbedingt der wichtigste unter den fünf Erdtheilen, über die er in materieller, noch mehr aber in geistiger Beziehung eine höchst einflussreiche Oberherrschaft erlangt hat.«

bei ansehen, wie weiße Europäer auf anderen Kontinenten mit ihrem Denken andere unterjocht, dominiert, getötet, versklavt und ausgebeutet haben – und zwar exakt in der selben Zeit, in der die Emanzipation für den weißen, europäischen Mann errungen wurde, müssen wir zugeben, dass diese ›Eroberung‹ ein extrem egomanes, rücksichtsloses, größenwahnsinniges und unmenschliches Unterfangen war. Die Frage ist auch, ob es zwischen der eigenen, gelungenen Emanzipation des europäischen Mannes und seinem Verhalten gegenüber Völkern auf der ganzen Welt nicht sogar einen Zusammenhang gibt. Hat nicht vielleicht die Befreiung aus dem Kreislaufdenken und von den Zwängen des Mittelalters mit der Perspektive, die eigene Zukunft in die Hand nehmen zu können und alles erreichen zu können, zu einem Größenwahn geführt? Eine solche Allmachtsvorstellung mag ihren Ausdruck im Kolonialismus gefunden haben. Zumeist begründen die historischen Autoren die europäischen Eroberungszüge mit dem Wunsch nach wirtschaftlicher Unabhängigkeit von anderen Handelsmächten, wie etwa den Osmanen. Doch dieser Wunsch nach wirtschaftlicher Unabhängigkeit bestand bereits im 15. Jahrhundert, und die Zeit des Kolonialismus reicht ja bis in das 20. Jahrhundert hinein. Wirtschaftliche Motive und Zwänge können also nicht allein ausschlaggebend gewesen sein.

Eine andere Erklärung liefert der Eurozentrismus selbst: Mit dem Versprecher der »Zivilisierung« orientalischer und afrikanischer Völker und Stämme machte man es sich eben zur Aufgabe, als überlegenes Volk den unterlegenen, »barbarischen« und zurückgebliebenen Völkern der Welt »beizubringen«, wie Fortschritt geht. Dies geschah, indem man den kolonisierten Menschen und Ländern in allen Bereichen den eigenen Stil aufzwang, politisch, wirtschaftlich und auch wissenschaftlich oder religiös. Unterschlagen wurde dabei aber, dass man gleichzeitig die Kolonien ausbeutete und gewaltsam unterdrückte.

Die europäischen Nationen haben die Welt um sich herum, die sie für unterlegen hielten, so sehr geknebelt und ausgebeutet, dass die ehemaligen Kolonien bis heute hart daran arbeiten müssen, dieses »koloniale Erbe«, wie es schon geradezu euphemistisch genannt wird, loszuwerden, um auf die Beine zu kommen und sich selbst zu behaupten – kurz: sich zu emanzipieren. Dieser Prozess, das Denken und auch das wissenschaftliche Konzept dahinter lassen sich unter dem Begriff »Postkolonialismus« zusammenfassen. Wenn man so will, ist es eines der größten Projekte aufgeklärter und emanzipatorischer Denker des 20. und 21. Jahrhunderts.

## Postkolonialismus für Eilige

Dem Postkolonialismus als Denkschule ging die Dekolonisation als Prozess in der Geschichte voraus. Die Historiker Jan C. Jansen und Jürgen Osterhammel verstehen darunter die Erlangung der Souveränität nach einem völkerrechtlichen Standard, also die Bildung von Staaten mit abgegrenztem Hoheitsgebiet, einer Verfassung und Rechtsstaatlichkeit, einer im besten Fall demokratisch gewählten Regierung und so weiter. Aus postkolonialistischer Sicht ist das schon eine sehr eurozentrische Herangehensweise, denn der völkerrechtliche Standard basiert auf der Idee, ein »guter« Staat sei ausschließlich so verfasst, wie die westlichen Staaten es sind. Jansen und Osterhammel sehen das aber weniger eng, denn für sie sind diese Strukturen tatsächlich Errungenschaften und Ausdruck von Souveränität.

Dekolonisation nennen die beiden aber auch die weltweit erfolgte Verschiebung von Normen, die sich unter anderem in der Verabschiedung der UN-Resolution 1514 niedergeschlagen hat. Darin heißt es: »Alle Völker haben das Recht auf Selbstbestimmung; Kraft dieses Rechts bestimmen sie frei ihren politischen Status und verfolgen frei ihre wirtschaftliche, soziale und kulturelle Entwicklung.« Man kann also festhalten, dass Dekolonisation einen »radikalen Umbau der internationalen

Ordnung« bedeutet, wie Jansen und Osterhammel es beschreiben, »und durch die Ächtung von Kolonialismus – und des ihn ideologisch flankierenden Rassismus – zugleich eine Umkehrung jener Normen, die bis zur Mitte des 20. Jahrhunderts« gegolten hatten.

Dekolonisation ist für die beiden Autoren vor allem das »Ende der Imperien«. Zum ersten Mal in der Geschichte sei der Platz eines vergangenen Imperiums nicht durch ein neues Imperium eingenommen worden. Diese ehemalige »Normalität« des Unterworfenseins ist nun nämlich diskreditiert, eine solche Fremdherrschaft wurde durch die UN geächtet. Erst jetzt können die von der Kolonialherrschaft Befreiten wirklich nach vorne blicken und aufbrechen.

Mit dem 20. Jahrhundert wurde möglich, was bis dahin undenkbar schien: Emanzipation als menschliche Bewegung in Richtung Freiheit und Fortschritt sollte nicht mehr nur für weiße Europäer erreichbar sein, sondern war jetzt auch etwas, das man dem Subjekt »schwarzer Mensch« zugestand (und wie wir sehen werden, bald darauf auch den Frauen). Diese Kehrtwende im Denken ist das Ende der sogenannten »White Supremacy« in der Theorie.

Wir haben es mit dem Anfang einer Emanzipation zu tun, die bis heute andauert. Menschen afrikanischer Herkunft, die man im Zuge ihrer Unterdrückung und Fremdbestimmung abwertend als »Neger« bezeichnete, befreien sich aus einer Rolle, die durch »Enteignungen unterschiedlicher Art, Beraubung jeglicher Selbstbestimmung und vor allem der Zukunft und Zeit, dieser beiden Matrizen des Möglichen« geprägt war, wie der Politikwissenschaftler Achille Mbembe in seiner *Kritik der schwarzen Vernunft* schreibt. Auch Mbembe betont die Rolle von Zukunft und Zeit – über beides selbst bestimmen zu

## »White Supremacy«

»White Supremacy« bezeichnet im Englischen einen Zustand der Überlegenheit und Übermacht weißer Menschen über Schwarze. Das Wort »Supremacy« lässt sich dabei nur recht schwierig direkt ins Deutsche übersetzen, weswegen hierzulande viele bei dem englischen Begriff bleiben und ihn als Fachausdruck auch im Deutschen nutzen. »Supremacy« mit Vormachtstellung zu übersetzen, trifft es nicht ganz. Das Fremdwort »Supremat« kommt schon näher ran: die Oberhoheit. Und doch bleibt es sehr abstrakt. Das *Oxford Dictionary* ist mit »Supremacy« hilfreicher, wenn es schreibt: »the state or condition of being superior to all others in authority, power or status« – also der Zustand, in dem man über alle anderen in Autorität, Macht oder Status erhaben ist. Das Entscheidende ist: Die »White Supremacy« ist eine Ideologie weißer Menschen. So erklärt das *Oxford Dictionary* weiter: »White Supremacy is the belief that white people are superior to those of all other races, especially the black race, and therefore should dominate society.« Es handelt sich also um den Glauben bzw. das Phantasma, Weiße seien allen anderen »Rassen« überlegen und sollten deswegen die Gesellschaft dominieren.

können, ist ein zentrales Anliegen aller emanzipatorischer Bewegungen. Und das machten sich antikoloniale Denker und Bewegungen weltweit zu eigen, die nach ihrem jeweils eigenen Weg zur Souveränität suchten. Nelson Mandela (1918– 2013) oder Mahatma Gandhi (1869–1948) sind beinahe jedem

Menschen auf diesem Planeten ein Begriff. Sie haben für Gerechtigkeit, Entwicklung und eben Freiheit gekämpft.

Doch sie sind nur die Spitze des Eisbergs: Die Geschichte der Dekolonisation ist vielfältig und im wahrsten Sinne »multikulturell«, denn auf der ganzen Welt verteilt, auf allen Kontinenten und als Mitglieder aller möglicher Regionen sind ihre Vertreterinnen und Vertreter in Erscheinung getreten. Sie waren Künstler, Politikerinnen, Denker, Soldatinnen oder religiöse Anführer. Sie konnten revolutionäre, charismatische Führer sein oder intellektuelle Denker und dabei sozialistischen oder kapitalistischen Überzeugungen anhängen. Sie sind also kaum in eine einzige Schublade zu stecken, außer in diese: Sie alle nahmen ihr Schicksal in die Hand und machten sich auf in eine neue, souveräne Zukunft.

Praktisch jedoch ist eine große Ungleichheit geblieben – genau an dieser Stelle setzen die Postkolonialisten an. Rassismus und Unterdrückung sind weiterhin Bestandteile westlicher Gesellschaften und haben in den letzten zehn bis zwanzig Jahren eher zu-, als abgenommen. In ganz Europa, aber auch in den USA, gewinnen rassistische, identitäre und menschenfeindliche Strömungen massiv an Zulauf. Der republikanische Präsident Donald Trump steht für eine große Wählergruppe in den USA, die bis heute schwarze Menschen abwertet, diskriminiert oder offen hasst.

## Emanzipation der Schwarzen

Als weiße Frau in einem westlichen Land weiß ich nicht, wie es sich anfühlen muss, von Rassismus und rassistischer Diskriminierung betroffen zu sein. Welche Vorurteile begegnen schwarzen Menschen heute noch? Wie spüren sie die Ausgrenzung im privaten wie beruflichen Bereich? Haben sie manchmal Angst, durch eine sogenannte »No-Go-Area« zu laufen? Wie reagieren sie, wenn ihnen ein Trupp kahlrasierter Halbstarker entgegenkommt?

Weiße Menschen waren im Lauf der Geschichte überwiegend Unterdrücker und Ausgrenzer, wenn es um Schwarze ging. Umso mehr ist es heute unsere Aufgabe, unseren Teil zu ihrer Emanzipation beizutragen. In einer Welt, die auf Menschenrechten basiert, an erster Stelle sogar die Würde des Menschen als unantastbar aufführt, hat Rassismus nichts mehr zu suchen.

Doch wie geht das konkret? In den USA und in Kanada wird der Februar als sogenannter »Black History Month« genutzt. Dessen Sinn und Zweck ist es, die Geschichte der Schwarzen insbesondere in den USA, aber auch im Rest dieser Welt, in Erinnerung zu rufen, und zwar jedes Jahr wieder. Schon 1926 wurde diese Tradition begründet, als der Historiker Carter G.

> »Alle Menschen sind frei und gleich an Würde und Rechten geboren.«
>
> (Artikel 1, Charta der Menschenrechte)

Woodson (1875–1950) mit der sogenannten »Negro History Week«, aus der später eben der »Black History Month« wurde, dazu aufrief, diesen Teil der Geschichte nicht mehr einfach unter den Teppich zu kehren. Er gilt heute als »Vater der Schwarzen Geschichte«. Von ihm stammt auch der enorm emanzipatorische Gedanke, dass nur der sich letztendlich aus der Abhängigkeit der eigenen Geschichte befreien kann, der die eigene Geschichte in die Hand nimmt. Schließlich kann jemand, der definiert, was passiert ist, auch diejenigen zur Verantwortung ziehen, die anderen Leid und Unrecht zugefügt haben. Diese Auffassung stieß in der ersten Hälfte des 20. Jahrhunderts jedoch auf Widerstand.

Historikerkollegen Woodsons, auch afroamerikanische, empfanden es als unnötig, eine besondere Schwarze Geschichte zu begründen. Diese war nach ihrer Auffassung in der Geschichte aller Amerikaner zu Genüge abgehandelt, und sie hielten eine besondere Aufarbeitung für überflüssig. Doch Woodson blieb hartnäckig, und er scharte weitere Mitstreiter für die Schwarze Geschichte um sich. Dank Woodson ist bis heute der erste wichtige Baustein schwarzer Emanzipation aus dem Jahreskalender der USA nicht mehr wegzudenken: Die Beschäftigung mit der Geschichte der Schwarzen.

Die Geschichte der Schwarzen in den USA ist gewissermaßen Ausdruck der Unfähigkeit der Weißen, ihren schwarzen Mitbürgern das gleiche Recht auf Individualität, Menschenwürde und Freiheit zuzugestehen wie sich selbst. Deswegen ist »Black Emancipation« nicht irgendein Begriff unter vielen. Er steht für das Ende einer kompletten Ungeheuerlichkeit (oder zumindest für den Anfang von deren Ende): Diese Ungeheuerlichkeit besteht darin, dass Menschen noch im und sogar nach dem Zeitalter der Aufklärung andere Menschen versklavt haben! Hinzu kommt, dass sie den Rassismus erfunden haben, um das irgendwie zu rechtfertigen und in Einklang mit ihren ansonsten hehren Zielen zu bringen. Sie haben ein Phantasma geschaffen, indem sie Individuen ihrer eigenen Art allein aufgrund deren Hautfarbe herabstuften und sie für minderwertig erklärten: Das Phantasma der »Rasse«.

Die Unabhängigkeitserklärung der USA, in der 13 britische Kolonien die Unabhängigkeit und Loslösung von Großbritannien erklärten, wurde vom späteren Präsidenten Thomas Jefferson (1743–1826) verfasst und am 4. Juli 1776 verabschiedet. Jener Tag wird in den USA bis heute als »Independence Day« im ganzen Land gefeiert. Die Erklärung beginnt zwar mit dem Satz:

> Wir halten diese Wahrheiten für ausgemacht, daß alle Menschen gleich erschaffen worden, daß sie von ihrem Schöpfer mit gewissen unveräußerlichen Rechten begabt worden, worunter sind Leben, Freyheit und das Bestreben nach Glückseligkeit.

1. Australierin. 2. Australierin. 3. Papua. 4. Frau vom Bismarckarchipel. 5. Buschmannweib. 6. Akka. 7. Niam-Niam. 8. Herero. 9. Bantu-Zulu. 10. Madagassin. Sansibar-Zulu. 11. Togonegerin. 12. Sudannegerin. 13. Feuerländerin. 14. Karayá. 15. Araukanerin. 16. Maori. 17. Samoanerin. 18. Dajak. 19. Batak. 20. Javanin.

Brockhaus' Kleines Konversations-Lexikon von 1911 zeigt die »Menschen-rassen« als Entwicklungslinie, die links oben mit dem »niedrigsten Typus«

21. Eskimo.    22. Samojedin.    23. Chinesin.    24. Japanerin.

25. Siamesin.    26. Birmanin.    27. Lappin.    28. Tatarin.

29. Ainufrau, tätowiert.    30. Wedda.    31. Tamil.    32. Singhalesin.

33. Perserin.    34. Araberin.    35. Ägypterin.    36. Maurin.

37. Romanin.    38. Slawin.    39. Germanin, dunkel.    40. Germanin, blond.

aus der »schwarzen Hauptrasse« beginnt und in der blonden »Germanin«
unten rechts ihre »Vervollkommnung« erreicht.

Doch galt diese Gleichheit eben nicht für Schwarze. Jefferson selbst hielt Sklaven, 200 waren stets auf seinem Anwesen, über sein gesamtes Leben hinweg besaß er insgesamt 600 Menschen, die er Sklaven nannte. Wenn »alle Menschen gleich erschaffen worden« sind, warum gilt das Recht der Freiheit nicht auch für die Schwarzen? Müsste nicht gerade jemand wie Jefferson gegen die Sklaverei eintreten?

Jefferson war bei weitem nicht der Einzige: George Washington, der erste Präsident der USA, hielt ebenfalls Sklaven. Die meisten seiner Zeitgenossen sahen Schwarze nicht als vollwertige Menschen, sondern als eine minderwertige »Rasse« an. Dass Schwarze im biologischen Sinne gar keine eigene »Rasse« sind, sondern genauso *homo sapiens sapiens* genannt werden wie die Weißen, ist dabei weniger relevant. »Rasse« war für das Weltbild der Kolonialzeit ein wichtiger Begriff, denn er diente dazu, eurozentristisch zwischen »uns« und »den anderen«, vor allem »den Wilden«, unterscheiden zu können. Damit ließen sich auch rassistische Motive und Handlungen rechtfertigen. Schon in der Aufklärung war der Begriff nicht als biologische Kategorie, sondern als kulturell-historisches Konzept benutzt worden. Der Begriff wurde dann allerdings biologisiert, indem man unterschiedliche menschliche »Rassen« erfand, denen man unterschiedliche »Temperamente« nachsagte. In der »Systematik« des berühmten schwedischen Naturforschers Carl von Linné (1707–1778) werden die indigenen Völker Amerikas, die er *Americanus* nannte, als »cholerisch«, der weiße *Europaeus* hingegen als »lebhaft, heiter und muskulös« und der Schwarze *Afer* als »phlegmatisch und schlaff« kategorisiert. Und auch Denker wie Immanuel Kant schrieben diese Rassensystematik fort, indem sie dem Europäer die größte Vernunftbegabung unterstellten und dem Schwarzen die geringste:

In den heißen Ländern reift der Mensch in allen Stücken früher, erreicht aber nicht die Vollkommenheit der temperirten Zonen. Die Menschheit ist in ihrer größten Vollkommenheit in der Race der Weißen. Die gelben Indianer haben schon ein geringeres Talent. Die Neger sind tiefer, und am tiefsten steht ein Theil der amerikanischen Völkerschaften. (Immanuel Kant, *Gesammelte Werke, Bd. IX: Logik – Physische Geographie – Pädagogik*, Berlin 1987, S. 316.)

In den USA dauerte es nach der Unabhängigkeitserklärung noch fast 100 Jahre, bis die Emanzipationsproklamation durch Abraham Lincoln (1809–1865) und das Ende des Amerikanischen Bürgerkrieges schlussendlich im Jahr 1865 dazu führten, dass auch Schwarzen die Rechte zugestanden wurden, die in der Unabhängigkeitserklärung stehen.

Doch damit endete die Geschichte der Emanzipation schwarzer Menschen in den USA keineswegs. Nein, denn auch wenn sie nun keine Sklaven mehr waren, blieben sie noch lange einer ständigen, alltäglichen Diskriminierung durch die Weißen ausgesetzt. Selbst nachdem im Jahr 2008 der erste schwarze Präsident der USA, Barack Obama, gewählt worden war, schien ein Ende der Diskriminierung noch nicht in Sicht.

Martin Luther King (1929–1968), Nelson Mandela und Mahatma Gandhi sind die drei zentralen Figuren, die die Emanzipation vom Eurozentrismus und von »White Supremacy« im 20. Jahrhundert vorangebracht haben. Über jeden einzelnen sind Bücher geschrieben und Filme gedreht worden, es wurden sogar Denkmäler geschaffen. Jeder von ihnen steht für die moderne Emanzipation, da er sich nicht damit zufrieden gab, dass die Freiheit der Weißen auch die Freiheit der Weißen zum Rassismus beinhaltet. Der Bürgerrechtler Martin Luther

King, der vor 50 Jahren in Memphis ermordet wurde, war die Ikone einer Bewegung, die ausschließlich gewaltfrei protestierte – er bekam 1964 den Friedensnobelpreis. Ihre Mittel waren ziviler Widerstand, wachrüttelnde Reden und Demonstrationen. Ebenso war der indische Aktivist Mahatma Gandhi der Überzeugung, nur gewaltfrei an sein Ziel zu kommen: Bereits Anfang des 20. Jahrhunderts setzte er sich gegen die Rassentrennung in Südafrika ein, 1947 hatte seine indische Unabhängigkeitsbewegung endlich Erfolg und die britische Kolonialherrschaft in Indien endete. Auch Gandhi fiel einem Attentat zum Opfer. Er war ebenfalls für den Friedensnobelpreis nominiert, aufgrund des Mordes wurde der Preis 1948 aber nicht verliehen, weil es keinen »geeigneten lebenden Kandidaten« gab.

Der Südafrikaner Nelson Mandela saß 27 Jahre lang im Gefängnis, weil auch er sich gegen die Rassentrennung in seinem Land eingesetzt hatte. Erst 1990 wurde er aus der Haft entlassen – 1991 wählte man ihm zum Präsidenten seines Landes, und als solcher beendete er tatsächlich die dort jahrzehntelang praktizierte Rassentrennung, die sogenannte Apartheid. Auch er erhielt 1993 den Friedensnobelpreis.

Diese drei Männer wurden weltweit zu Ikonen der längst überfälligen Kehrwende. Nach der Dekolonisation der Länder standen sie für die Dekolonisation der Köpfe. Ihre Erfolge sind noch jung und die endgültige Emanzipation der Schwarzen samt der ehemaligen Kolonien noch längst nicht zum Abschluss gekommen. In seinem autobiografischen Buch *Der lange Weg zur Freiheit*, in dem Mandela von seiner Kindheit, Jugend, seinem frühen politischen Engagement und von seiner Haft erzählt, schreibt Mandela am Ende:

[...] um frei zu sein genügt es nicht, einfach nur die Ketten abzuwerfen, sondern man muss so leben, dass man die Freiheit des anderen respektiert und fördert.

Um diese Freiheit des anderen zu respektieren und zu fördern, muss man zuallererst davon überzeugt sein, dass dieser andere die gleiche Würde verdient wie man selbst. Dass er wie man selbst geschaffen ist. So gesehen haben wir noch viel zu tun – Mandela, King und Gandhi haben den Weg mit Sicherheit geebnet, aber benutzen müssen wir ihn schon selbst. Rassismus und gruppenbezogene Menschenfeindlichkeit stehen der Freiheit derer im Weg, die bis heute als »die anderen« in der Gesellschaft wahrgenommen werden.

Bis heute ist Rassismus auch in den USA ein Thema, denn in sozio-ökonomischen Erhebungen, in den Statistiken über durch die Waffe eines Polizisten Getötete und in den Bildungsstudien über Chancen und Möglichkeiten der Grundbildung und der akademischen Laufbahn lassen sich große Unterschiede zulasten der Schwarzen ablesen. Obwohl sie rechtlich gleichgestellt sind, leben Schwarze bis heute häufiger in Slums bzw. in Armut und verdienen weniger. Herkunft und Hautfarbe spielen noch immer eine wichtige Rolle bei den Chancen, die ein Mensch im Leben hat – da ist es nicht gerade hilfreich, dass die Idee der *White Supremacy* in den USA nach wie vor viele Anhänger findet, die an die Vorstellungen Kants und Linnés anknüpfen, indem sie eine überlegene weiße »Rasse« der »Europiden« imaginieren.

Mit Donald Trump hat das Land nun einen Mann als Präsidenten, der diese Ideologie und ihre Anhänger hoffähig gemacht hat, indem er immer wieder nichtweiße Bevölkerungsgruppen pauschal über einen Kamm schor und etwa mexikanische Einwanderer als »Vergewaltiger« bezeichnete. Ebenso werten viele Beobachter es als geheimen Wink (auch als *dogwhistling* bekannt) in Richtung der White Supremacists, als Trump eine Demonstration von Neonazis, Rassisten und Ku-Klux-Klan in der kleinen Stadt Charlottesville im August 2017, die in einem Anschlag auf die Gegendemonstranten mündete, bei dem ein Mensch starb und 19 weitere verletzt wurden, nicht nur nicht verurteilte, sondern sogar davon sprach, beide Seiten hätten zur Gewalt beigetragen. Lorenz Heimicker kommentierte damals in der *Frankfurter Allgemeinen Zeitung*: »Geht es um Rechtsextreme, wird er [Donald Trump] ganz leise. Es sind die Geister, die er rief.«

Die Geister, die er rief – Trump hat die Wahl unter anderem auch deswegen gewonnen, weil er es verstand, Rassisten und White Supremacists ebenso zu bedienen wie vom Establishment enttäuschte Arbeiterschichten. Mit dieser Strategie steht er keinesfalls als Einzeltäter da. Weltweit blühen radikale, rassistische, nationalistische und anti-emanzipatorische Bewegungen und Parteien, weltweit ziehen sie in die Parlamente ein und besetzen wichtige politische Führungsposten, bis hin zu denen der Staatsoberhäupter.

## Anti-emanzipatorischer Backlash

Geschichte kann sich manchmal wie ein Pendel verhalten: Schwingt es erst in die eine Richtung, erkämpfen sich etwa Menschen Rechte und Chancen, dann folgt darauf nicht selten ein Umschwung in die andere Richtung. Genau das passiert in vielen westlichen Staaten derzeit. Menschen ringen nicht nur um die Emanzipation und den Fortschritt, sondern eben auch um Macht und Privilegien. Das eine kann dem anderen im Weg stehen.

Wir führen bis heute alle paar Jahre wieder eine Scheindebatte über die Frage, ob man denn eigentlich noch »Neger« sagen dürfe. Im April 2018 sollte das zuletzt in einer Fernsehdiskussion Thema sein, die dann wegen großer Proteste doch abgesagt wurde. Eine der Gäste in der Sendung mit dem Titel: »Darf man heute noch ›Neger‹ sagen?« wäre Frauke Petry, ehemaliges AfD-Mitglied, gewesen. Viele Menschen scheinen immer noch nicht zu verstehen oder *wollen* wohl nicht verstehen, dass das Wort »Neger« ein Produkt des jahrhundertealten Phantasmas der Rasse ist. Damit steht es für all die Unterdrückung, die damit einherging. Es war ein emanzipatorischer Akt schwarzer Menschen, sich diesem Begriff zu verweigern und sich von dieser Konnotation zu befreien.

Man muss also nicht bis in die USA schauen und die dortige Wahl Donald Trumps zum Präsidenten heranziehen, um zu zeigen, dass jede gelungene Emanzipation immer auch fragil bleibt. Wir in Deutschland sehen genauso das Erstarken anti-emanzipatorischer Bewegungen, der Erfolg der AfD und ihr Einzug in den Bundestag 2017 ist ein Beispiel dafür. Blickt man in die Programme der Partei, analysiert man ihre Parolen und die Aussagen ihrer Vertreter, so treten viele Themenfelder zutage, in denen es um die Rückkehr zu alten Geschlechterrollen geht oder um die Infragestellung der Menschenrechte für Leute mit einer nichtweißen Hautfarbe. Besonders zentral ist die anti-muslimische Stimmungsmache, die auf der Angst vor einer »Umvolkung« aufbaut und Muslime als modernen Sündenbock westlicher Staaten im 21. Jahrhundert darstellt. Ziel ist eine Politik, in der Grundrechte für einen Teil der Bevölkerung nicht mehr gelten sollen, da man sie unter Generalverdacht stellt. Jeder Muslim wird als potenzieller Terrorist gebrandmarkt, man behandelt ihn daraufhin wie einen Menschen zweiter Klasse, dem man keinen Zugang zum eigenen Land erlauben will (unabhängig davon, was Flüchtlingskonventionen, Asylrecht und die Charta der Menschenrechte vorsehen) oder dem man im alltäglichen Leben feindlich und ausgrenzend begegnet. Das Gegenüber wird nicht mehr als Mensch gesehen, dem Würde und Respekt zustehen. Es wird ein Ärgernis, das verschwinden soll.

Und mit ihm sollen alle verschwinden, die sich gegen eine solche Entmenschlichung wenden. Seit 2015 lautet der Slogan der anti-emanzipatorischen Bewegungen »Merkel muss weg«. Dabei spielt die reale Asylpolitik der CDU-Kanzlerin keine Rolle, die seit der Parole »Wir schaffen das!« längst verschiedene Wendungen erlebt hat, sodass wir heute in einem Land leben, das nur noch sehr wenig Zuwanderung erlaubt, sondern sich gemeinsam mit den anderen europäischen Staaten gerade gegenüber Afrika abschottet, indem es sich dort massiv in die Migrationskontrolle einmischt und dafür sogar mit Diktatoren zusammenarbeitet. Den Merkel-Gegnern geht es längst nicht mehr um Fakten, denn die Aufregung und Aufmerksamkeit, gerade in den sozialen Medien, wird durch »Alternative Fakten« gesteuert. Dieser von Donald Trumps Beraterin Kellyanne Conway geprägte Begriff bezeichnet erfundene Geschichten, die ins eigene Weltbild passen. Noch im 19. Jahrhundert waren Tatsachen und Wissenschaftlichkeit wesentliche Motoren für die Emanzipation unzähliger Menschengruppen. Doch die anti-emanzipatorischen Kräfte sind gerade nicht daran interessiert, sauber zu argumentieren, ganz im Gegenteil: Verwirrung und Täuschung sind ihre Hauptwerkzeuge. Sie betten diese in eine Ideologie ein, die eine groß angelegte Verschwörungstheorie von »Establishment«, »Staatsmedien« und der Politik entwirft. In diesem umfassenden Weltbild wird jeder wissenschaftliche Einwurf, jede Präsentation von Fakten – seien sie durch verifizierbare Forschung oder journalistische Arbeit erzeugt – als Teil des Komplotts angesehen. Für AnhängerInnen der modernen Anti-Emanzen sind die Methoden der Recherche, die im Journalismus angewandt werden, und die Grundsätze wissenschaftlicher Diskurse, wie Max Weber oder auch der Philosoph Karl Popper sie maßgeblich mitgestaltet haben, keine relevanten Qualitätskriterien mehr. Es mag sein, dass sie diese aufgrund mangelnder allgemeiner oder politischer Bildung nicht kennengelernt haben oder schlicht den Überblick darüber verloren haben, was Wahrheit und was Lüge ist, weshalb sie das als wahr annehmen, was sich am besten in ihr Weltbild einpassen lässt.

Der Schriftsteller Hans Magnus Enzensberger beschreibt in seinem Essay über den »radikalen Verlierer« von 2005 sehr schön, wie manche Menschen ein Phantasma dieser Art hegen. Und vor allem erklärt er, warum sie das tun:

Der Fortschritt hat das menschliche Elend nicht beseitigt, doch er hat es stark verändert. In den letzten zweihundert Jahren haben sich die erfolgreicheren Gesellschaften neue Rechte, neue Erwartungen und neue Ansprüche erstritten; sie haben mit der Vorstellung eines unabwendbaren Schicksals aufgeräumt; sie haben Begriffe wie Menschenwürde und Menschenrechte auf die Tagesordnung gesetzt; sie haben den Kampf um Anerkennung demokratisiert und Gleichheitserwartungen geweckt, die sie nicht erfüllen können; und zugleich haben sie dafür gesorgt, dass die Ungleichheit allen Bewohnern des Planeten 24 Stunden täglich auf allen Fernsehkanälen demonstriert wird. Deshalb hat die Enttäuschbarkeit der Menschen mit jedem Fortschritt zugenommen. (Hans Magnus Enzensberger, »Der radikale Verlierer«, in: *Der Spiegel*, 7. November 2005).

Folgen wir seiner Logik, so sind es gerade die Errungenschaften der Emanzipation, die dem Verlierer ein besonderer Dorn im Auge sind: »Die Reizbarkeit des Verlierers nimmt mit jeder Verbesserung zu, die er bei anderen bemerkt.« Die Folge ist eine Suche nach Schuldigen, also nach jemandem, der dieses gefühlte Unrecht angerichtet haben könnte. Wer anti-emanzipatorisch denkt, sucht nie bei sich selbst nach einer Lösung, sondern immer bei anderen. Emanzipation ist ja ein selbstbestimmter Akt, eine Handlung, die die eigene Zeit und die eigene Zukunft gestalten soll, eine Bewegung des Ichs auf einem

Weg, der aus alten Abhängigkeiten heraus führen soll. Dagegen sucht der, den Enzensberger einen »radikalen Verlierer« nennt, nicht ernsthaft nach Möglichkeiten, um selbst aktiv zu werden oder sich zu befreien. Vielmehr schaut er sich nach Mitteln um, um andere zu bremsen und zu stoppen, sie loszuwerden und aus seiner Realität zu verbannen. Sein Fokus liegt nicht auf den eigenen Möglichkeiten, sondern auf Möglichkeiten, es anderen schwer zu machen, nämlich denen, auf die er all seine Geschichten projiziert. Das sind meistens Ausländer, Großkonzerne, Gläubige, die Medien, die Politiker, die Juden, die »Genderisten« oder eben Merkel.

## Warum sind die emanzipatorischen Errungenschaften so verpönt?

Dass diese Bewegungen sich ausgerechnet gegen emanzipatorische Errungenschaften wenden, verwundert viele. Warum sind gerade in vielen ostdeutschen Gegenden die Anhänger so zahlreich, wenn doch gerade die Ostdeutschen wissen müssten, wie wichtig Befreiung und Unabhängigkeit ist? Wofür sind schließlich 1989 die Leute auf die Straße gegangen? Gegen Lüge und Propaganda demonstrierte man, gegen das Eingesperrtsein, das gegenseitige Bespitzeln, die Repressionen gegenüber vermeintlichen Staatsfeinden und die Verkürzung der eigenen Geschichte auf eine Erzählung des »wir gegen die« – zumal doch offenbar »die« ein viel besseres Leben hatten, größeren Wohlstand, mehr Freiheiten. Die Ostdeutschen, so erzählt man sich, haben ihre friedliche Revolution selbst auf die Beine gestellt, haben ein System zum Einstürzen gebracht, das sie unterdrückte und einsperrte – es ist eines der Paradebeispiele für Emanzipation in der deutschen Geschichte! Warum findet sich ausgerechnet bei ihnen so ein guter Nährboden für gestrige Ideologie?

Viele AutorInnen, SoziologInnen und PolitikerInnen versuchen sich an Antworten auf diese Irritation. Eine interessante These hat die Journalistin und Schriftstellerin Jana Hensel, die immer wieder in der ZEIT die Versäumnisse in Hinblick auf eine echte ostdeutsche Emanzipation thematisiert. Konkret schreibt Hensel:

> Die Ostdeutschen hatten einfach keine Lobby. Eine in Brandenburg aufgewachsene Kanzlerin und Joachim Gauck als Bundespräsident reichten als Entschuldigung und letztlich auch Feigenblatt. Sie galten lange als Symbole einer erfolgreichen Integration der Ostdeutschen und nicht als jene Ausnahmen, die sie tatsächlich waren.

Und weiter:

> Endlich scheint ein taugliches Rezept gegen das eigene Marginalisierungsgefühl gefunden worden zu sein. Man rauft sich zusammen gegen Flüchtlinge, pocht aufs eigene Vorzugsrecht. [...] Man hat sich selbst vom Opfer zum handelnden Täter gemacht, das sprichwörtliche Heft des Handelns wieder an sich gerissen. Eine derartige Selbstermächtigung in Habitus und Sprache war den Ostdeutschen zuvor verwehrt worden. Sie wird deshalb auch kurzfristig nicht zu korrigieren sein, dieser Emanzipationsprozess wird nicht leichthin zu stoppen sein.

Was Jana Hensel vielleicht verwechselt, ist Emanzipation mit blinder Rebellion. Viele verwechseln das. Emanzipation ist immer eine Befreiung aus einer Abhängigkeit, hin zu einem Zustand, indem Anerkennung, ein Recht auf die eigenen Erzählungen und die Möglichkeit, über die eigene Zukunft zu bestimmen, bereits gegeben sind. Dass den Ostdeutschen das bislang weitreichend fehlte, würde ich nicht bestreiten. Mit der Wende hat der Westen die Definitionsmacht darüber übernommen, was von der DDR zu halten sei. Dazu gehörte die Vokabel »Unrechtsstaat« genauso wie die Lächerlichmachung all jener, die darauf hinwiesen, dass im Osten auch vieles gut war, indem man ihnen den Stempel »Ostalgie« aufdrückte. Man sprach einem ganzen Land die Fähigkeit ab, die eigene Geschichte selbst erzählen zu können. Stattdessen erzählte man sie *für* das Land, gab die Sprachregelungen vor. Entwertungsgefühle, Verlust, Isolation im eigenen Land sind die Folge. Ist es nicht genau das Gefühl, »fremd im eigenen Land« zu sein, das von Pegida, AfD und Co. geschickt instrumentalisiert werden konnte? Ist das Zufall?

Die Emanzipation der Ostdeutschen wurde verpasst, und mit ihrer Rebellion gegen Fremde, Muslime, Merkel, »die Volksverräter« und »die Lügenpresse« werden sie sicher keine Unabhängigkeit erlangen können. Sie bringt weder Freiheit noch Anerkennung (im Gegenteil!) und erst recht keine Möglichkeiten, die eigene Geschichte und die eigene Zukunft zu gestalten. Sie ist ein bloßes Ventil. Die Frage muss also lauten: Wie könnte eine *echte* ostdeutsche Emanzipation gelingen? Am wichtigsten ist bei der Emanzipation stets: Sie darf nicht von außen diktiert werden. Die Regeln dürfen nicht schon wieder von den »Besserwessis« vorgeschrieben werden. Ostdeutsche müssen es schon selbst in die Hand nehmen. Aber wie?

## Emanzipation konkret:
## Wie geht sie und was braucht sie?

Wie ich weiter oben schon geschildert habe, ist eine Emanzipation der Schwarzen ohne eine Reflexion über White Supremacy kaum denkbar. Und so geht es in vielen Bereichen der heutigen Gesellschaft zu. Weiße, die sich über Schwarze erhaben fühlen, Männer, die sich über Frauen erhaben fühlen, Reiche über Arme, Muslime über Ungläubige und so weiter … »Supremacy« ist ein so weit verbreitetes Problem, dass man fast schon den Eindruck gewinnen könnte, es sei eine Art menschlicher Trieb, Umstände zu schaffen, in denen man selbst erhaben über andere ist. Strukturen, in denen die eigene Überlegenheit besonders zur Geltung kommt, sind natürlich höchst attraktiv. Supremacy-Bewegungen können religiös, vergeschlechtlicht, rassistisch, klassistisch oder akademisch daherkommen. Es ist egal, ob sie im großen Stil oder im kleinen Kreise agieren. Ob eine ganze Nation die Welt beherrschen will, wie die Deutschen im Dritten Reich, oder ob eine Einzelperson nur eine andere Einzelperson herabwürdigt, wie etwa der IT-Experte, der einer Frau ›mansplaint‹, wie sie etwas zu tun habe – ohne in Erwägung zu ziehen, dass sie das vielleicht selbst wissen könnte. Überlegenheitsgefühle sind oft der erste Stein auf dem Weg zur Unterdrückung und Diskriminierung anderer.

Das Fatale: Wir alle fühlen uns einfach zu gern überlegen! Und wir alle denken schnell in Stereotypen. Auch das Schubladendenken ist nämlich auf eine gewisse Weise in uns einprogrammiert. Unser Gehirn macht aus allen Ostdeutschen arme Würstchen und aus allen Bankern geldgeile Idioten, sofern wir nicht rechtzeitig gegensteuern. Und genau darin liegt die Chance zur Emanzipation: Wir können von allen Menschen erwarten, gefälligst dagegenzusteuern und sich nicht hemmungslos dem Schubladendenken hinzugeben, sich nicht mit aller Macht jede noch so kleine Überlegenheitschance zu ergreifen. Unsere Waffe ist die Reflexion. Wir können denken. Und unser Kopf ist genau deshalb rund, damit das Denken die Richtung ändern kann.

Ein schönes Beispiel für ein erfolgreiches Gegensteuern ist die politische Theoretikerin Hannah Arendt (1906–1975). In einer Biografie, die vor allem dem Menschen nahezukommen versucht, beschreibt der Autor Alois Prinz, dass Arendt mit einer riesigen Menge Bücher aufwuchs und diese schon in jungem Alter zu verschlingen begann. Obwohl sie sich deswegen nicht selten anderen Kindern, später Jugendlichen und noch später Erwachsenen überlegen fühlte, lernte sie schließlich: Auch sie war nur »ein Mensch unter Menschen«. Vielleicht werden Sie jetzt einwenden, dass die große und berühmte Hannah Arendt objektiv betrachtet doch allen Grund gehabt hätte, sich anderen überlegen zu fühlen. Wer so viel wusste, so viel gelesen hatte und einen so scharfen analytischen Verstand hatte, wer so klare, bis heutige gültige Thesen formulierte und die Welt damit ein bisschen besser machte – warum sollte solch ein Mensch sich nicht als etwas Besseres als die anderen fühlen dürfen?

Fragen Sie Hannah Arendt besser selbst: Weil sie damit den Kontakt zur Menschheit verloren hätte. Weil ihre einzige Chance, nicht selbst eine Tyrannin zu werden, am Ende darin bestand, sich selbst als ein Mensch unter Menschen zu erkennen. Nur so konnte sie den anderen zugestehen, sicherlich anders zu denken, zu fühlen und arbeiten, als sie selbst, anders auszusehen, andere Dinge zu lieben – aber von Grund auf eben doch: Mensch zu sein.

Der dänische Familientherapeut Jesper Juul benutzt für diese Haltung eines Menschen zu anderen das Wort »Gleichwürdigkeit«. Er ist einer der ersten gewesen, der diesen Begriff auch in die Familie, in das Verhältnis zwischen Großen und Kleinen geholt hat. Und er hat Recht! Denn gibt es eine andere Konstellation, in der man genauso schnell das Gefühl bekommt, eine »natürliche« Überlegenheit und Erhabenheit habe sich eingestellt, als die zwischen Erwachsenen und Kindern? Viele Erwachsene erleben bis heute Kinder als Wesen, die man zurechtweisen, unterordnen und wie minderwertige Erwachsene behandeln sollte, nicht wie Wesen mit einer eigenen, wenngleich anderen, Würde, die genauso viel wert ist wie die eines jeden Erwachsenen. Jesper Juul, wenn man so will, bereitet damit Familien den Weg, um sich von einem tyrannischen Eltern-Ideal zu emanzipieren.

Aber zurück zu der Frage, wie Emanzipation in all diesen Fällen gelingen kann. Der Begriff der »Supremacy« macht deutlich, wie wichtig es ist, dass der bislang als »überlegen« oder »erhaben« geltende Part, der das Ungleichgewicht zwischen den Menschen aufrechterhält, ebenfalls Verantwortung übernehmen muss. Er muss sich seiner »Supremacy« bewusst werden, muss erkennen können, dass er bislang mit verhindert hat, dass der andere Part »ein Mensch unter Menschen«

sein kann. Andernfalls hält der erhabene Part den unterlegenen Part weiter in Abhängigkeit gefangen – in vielen Fällen aufgrund eines reinen Phantasmas. Zur Emanzipation gehören somit die folgenden fünf Schritte:

1. **Enttarnung des Phantasmas** als solches (z. B. durch Wissenschaft und Studien)
2. Einfordern der **Verantwortung**sübernahme von jenen, die sich als »Erhabene« aufspielten (Solidarität statt Verteidigung alter Privilegien)
3. Definitionsmacht über die **eigene Geschichte** erlangen
4. Bestimmer über die eigene **Zeit** werden
5. Die eigene **Zukunft** in die Hand nehmen

## Die Geschichte der Emanzen –
## von den Suffragetten bis #MeToo

So wie es einen »Black History Month« geben musste, war es auch für die Frauen wichtig, ihre eigene Geschichte zu entdecken und – wie die Historikerin Karin Hausen – diese auch selbst zu schreiben und miteinander zu teilen. Dass Frauen »von Natur aus« dümmer bzw. weniger geeignet für politische Ämter oder dergleichen seien, das musste als Phantasma der Biologen des 18. und 19. Jahrhunderts erst enttarnt werden, um Frauen Zugang zu Bildung und zum Wahlrecht zu erkämpfen. Für all diese Zwecke war es aber auch notwendig, dass die männlich dominierte Gesellschaft Verantwortung dafür übernahm, die bislang fast ausschließlich unter Männern verteilten Privilegien, Macht, Kultur und Geld, gerechter zu verteilen. Bis in die 1970er Jahre hinein konnten Männer in Deutschland noch darüber bestimmen, ob ihre Frauen arbeiten dürfen oder nicht – mehr und mehr haben sich Frauen seitdem Souveränität in der Gestaltung ihres Alltags und ihrer Arbeit erobert. Und inzwischen sind sie ganz natürlich an Zukunftsvisionen beteiligt, die selbst entwickeln und mit gestalten.

Frauen, so könnte man sagen, haben (zumindest in den westlichen Gesellschaften) emanzipatorische Erfolgsgeschichte schreiben können. Sie wurden rechtlich gleichgestellt, haben Förderprogramme erhalten und gestalten aktiv die Politik mit. Dass man ihnen einst das Wahlrecht verwehrte und sie von Bildung und aus der Arbeitswelt ausschloss, kann man sich beinahe nicht mehr vorstellen. Es wirkt wie eine mittelalterliche Idee, dabei ist das deutsche Wahlrecht gerade einmal 100 Jahre alt. Am 10. November 1918 wurde der sogenannte »Rat der Volksbeauftragten« gegründet, eine Art Übergangsregime zwischen Kaiserreich und Weimarer Republik nach der Novemberrevolution in Deutschland. Am 12. November legte dieser Rat einen »Aufruf an das Deutsche Volk« vor, in dem stand:

Alle Wahlen zu öffentlichen Körperschaften sind fortan nach dem gleichen, geheimen, direkten, allgemeinen Wahlrecht auf Grund des proportionalen Wahlsystems für alle mindestens 20 Jahre alten männlichen und weiblichen Personen zu vollziehen.

Und nicht nur das: Dieser Aufruf wurde »mit Gesetzeskraft« verkündet. Seit dem 12. November 1918 also können auch Frauen in Deutschland wählen.

Doch diese Errungenschaft kam nicht urplötzlich von heute auf morgen. Der Kampf für die politische Gleichstellung der Geschlechter begann bereits im 18. Jahrhundert, und viele verknüpfen mit ihm vor allem einen Namen: Olympe de Gouges (1748–1793). Schon während der Französischen Revolution war sie eine der wenigen, denen nicht nur im stillen Kämmerlein auffiel, dass diese tollen, aufklärerischen Werte, wie sie in den Debattierclubs, Lesezirkeln und Kaffeehäusern Europas von Männern wie Montesquieu, Diderot und Rousseau entworfen wurden, nur für Männer galten. Offenkundig wurde ein doppelter Standard angelegt und Frauen waren nicht nur nicht mitgemeint, sondern ausdrücklich für eine niedere gesellschaftliche Stellung vorgesehen. Die Brüderlichkeit galt nur den Brüdern, und dagegen schrieb de Gouges an. In ihrer »Erklärung der Rechte der Frau und Bürgerin« von 1791 legte sie ein Manifest vor, in dem sie die Aufklärer herausforderte: »Mann, bist du imstande, gerecht zu sein?«, fragte sie darin. Ihre Erklärung liest sich ähnlich wie die moderne Menschenrechtscharta. Artikel 1 besagt:

Die Frau wird frei geboren und bleibt dem Mann an Rechten gleich.

Doch erst mehr als ein Jahrhundert später wurde ihr Ansinnen zumindest in Teilen in die Tat umgesetzt: Im Juli 1936 (!) votierte die Mehrheit der Abgeordnetenkammer der Dritten Französischen Republik für die Einführung des Frauenwahlrechtes, ganze 145 Jahre nach de Gouges Erklärung, in der stand:

Das Gesetz muss Ausdruck des Gesamtwillens sein; alle Bürgerinnen und Bürger müssen persönlich oder durch einen Stellvertreter zu seiner Entstehung beitragen: alle Bürgerinnen und Bürger, die ja in seinen Augen gleich sind, müssen gleichermaßen zu allen Würden, Stellungen und öffentlichen Ämtern zugelassen sein.

De Gouges wurde 1793 in einem öffentlichen Schauprozess hingerichtet. Offiziell hatte das »Sondergericht für politisch Andersdenkende«, das sogenannte »Revolutionstribunal«, sie

Auf diesem in den 1910er Jahren gedruckten Poster der Londoner Artists'
Suffrage League rudert eine Frau mühsam durch unruhige Gewässer,
während ein entspannter Mann unter dem Segel der »votes«, also des
Wahlrechts, leichter vorankommt.

angeklagt, da sie Anhängerin der Monarchie sei. Doch im Vordergrund stand vermutlich vielmehr eine Feindschaft mit Robespierre. Hinzu kam die Tatsache, dass sie sich mit ihrem Einsatz für die Rechte der Frauen nicht gerade Freunde unter den ›Brüdern‹ gemacht hatte.

Die Suffragetten traten im 19. Jahrhundert, einige Jahrzehnte nach de Gouges' Hinrichtung auf den Plan. Dieser eher despektierliche Begriff, den die Presse vermutlich vor allem benutzte, um das Ansinnen dieser Frauen herabzuwürdigen und sie als Spinner hinzustellen, wurde von den Frauen, die um die Jahrhundertwende für das Frauenwahlrecht eintraten, einfach vereinnahmt. In Neuseeland waren sie am erfolgreichsten: Bereits 1893, hundert Jahre nach de Gouges Tod, hatten sich Frauen um die Sozialreformerin und Suffragette Kate Sheppard (1847–1937) herum geschart und die *Women's Christian Temperance Union of New Zealand* (»Christliche Frauenunion für Abstinenz in Neuseeland«, WCTU) gegründet. Von 1888 bis 1893 hatte Sheppard in Neuseeland insgesamt fünf Parlamentspetitionen für die Einführung des Frauenwahlrechts organisiert. Die letzte trug die Unterschriften von über 30 000 Frauen – das war damals etwa ein Drittel aller Neuseeländerinnen. Damit machte die WCTU so viel Eindruck auf die Parlamentarier, dass sie mit dem sogenannten »Electoral Act« das aktive Wahlrecht für Frauen über 21 Jahren einführten.

Sheppard reiste nun nach England und verbündete sich mit den Suffragetten, die sich dort für das Wahlrecht für Frauen einsetzten. So breitete sich der emanzipatorische Funke immer weiter aus. Finnland führte 1906 das Frauenwahlrecht ein, Norwegen 1913, Dänemark 1915, die Niederlande und Russland (nach der Februarrevolution) 1917, Großbritannien, Polen,

Österreich und Deutschland folgten 1918, die USA 1920, 1921 Schweden. So gesehen war das ach so aufklärerische Frankreich zusammen mit Spanien und der Türkei ein Spätzünder, da es erst in den 1930er Jahren nachzog. Nur Iran, Italien und Indien waren noch später dran, und vom europäischen Nachzügler, der Schweiz, wollen wir besser nicht sprechen. 1971 war es endlich auch dort soweit (und auch wirklich allerhöchste Zeit), doch ein Schweizer Kanton, Innerrhoden, verweigerte sich weiterhin. Er schaffte den Sprung in die geschlechtergerechte Moderne erst 1990 – womit er beinahe Kuwait Konkurrenz gemacht hätte, das erst 2005 den Frauen erlaubte, wählen zu gehen. Jetzt fehlt nur noch Saudi-Arabien, dann wäre diese Sache auch endlich geschafft.

Das Wahlrecht war mit Sicherheit eine enorm wichtige Errungenschaft auf dem emanzipatorischen Wege der Frauen. Doch obwohl sich einige Männer die Sache wohl so vorstellten, war es mit dem Wahlrecht nicht getan. Wenn zur Emanzipation fünf Schritte gehören, dann ist das aktive Wahlrecht, also die Möglichkeit, über die eigene Gegenwart und Zukunft mitzubestimmen, nur ein Baustein. Es war die sogenannte »zweite Welle« der Feministinnen, die in westlich-industrialisierten Ländern als Teil der 68er-Bewegung vor allem die Strukturen der Gesellschaft mit ihrer geschlechtlichen Arbeitsteilung, aber auch das Private ins Visier nahm. Sexualität, sexuelle Selbstbestimmung und reproduktive Rechte kamen nun auf die Agenda. Frauen hatten erkannt, dass sie nicht nur durch Gesetze und Rechte in ihrer Freiheit eingeschränkt wurden, sondern dass die strikte Rollentrennung, insbesondere in der institutionalisierten Form der Ehe und Kernfamilie, sie auf eine mindestens genauso wirksame Weise daran hinderte, ein den Männern ebenbürtiger Teil der Gesellschaft zu sein.

Folglich ernannten sie das »Private« zu einem Politikum und setzten sich für gleiche Repräsentation der Geschlechter in allen politischen Ämtern ein. Die Frauenquote für Parteiposten, die seit der Gründung der Grünen Partei im Jahre 1979 ein fester Bestandteil auch der heutigen bündnisgrünen Politik ist, wurde aufgrund der simplen Erkenntnis beschlossen, dass Emanzipation nicht alleine mit Rechten und Gesetzen herbeigeführt werden kann. Denn auch jahrhundertelang eingespielte Verhaltensweisen, Sozialisation und Stereotype können zu aktiver Diskriminierung oder viel subtileren Ausgrenzungen führen. Maßnahmen gegen dieses Phänomen sind notwendig, weil sich die Dinge nicht von alleine ändern, wenn man nur gerechtere Gesetze schafft oder ungerechte abschafft. Vielmehr ist die Gruppe, die bislang die Erhabene und Überlegene war, aktiv verantwortlich dafür, die unterdrückte oder abhängige Gruppe in ihrer Emanzipation zu unterstützen. Im Fall der Frauen bedeutet das, Sexismen aktiv zu reflektieren und gemeinsam zu bekämpfen.

Und daran arbeiten Frauen im Grunde bis heute. 2017 war das Jahr der #MeToo-Debatte. So deutlich wie selten zuvor wurde klar, dass Sexismus bis heute ein Strukturmerkmal vieler gesellschaftlicher Räume ist. Ausgehend von einer Debatte in Hollywood hatten sich Frauen weltweit endlich getraut, in den sozialen Medien unter dem Hashtag #MeToo (»ich auch«) ihre Geschichten sexuellen Missbrauchs und sexueller Belästigung zu veröffentlichen. Den Anfang hatte die Schauspielerin Alyssa Milano gemacht, wenige Tage nachdem erste Schauspielerinnen den Hollywood-Filmproduzenten Harvey Weinstein öffentlich beschuldigt hatten, er habe sie sexuell belästigt, genötigt oder gar vergewaltigt. Angeblich waren diese Vorwürfe und die einzelnen Geschichten dahinter jahrelang ein

Frauen beim #MeToo Survivors March in Hollywood im November 2017

»offenes Geheimnis« in der Filmbranche gewesen, doch alle Beteiligten hatten geschwiegen. Warum?

Auch in diesem Zusammenhang kam wieder eine Art Phantasma zum Tragen. Es war das Phantasma des erfolgreichen Mannes, der sich alles erlauben und herausnehmen könne, da Frauen als Personen qua Geschlecht unterlegen und auf mächtige Männer angewiesen seien. Eine solche Einstellung verbirgt sich auch in der Aussage des US-Präsidenten Donald Trump »you can grab 'em by the pussy« – man könne Frauen an die Geschlechtsteile fassen, wenn man nur genügend Macht habe. Die Idee, ein Mann brauche nur genug Macht, um mit Frauen alles machen zu können, was er wolle, hat sich offenbar bis in unsere heutige Zeit hinein erhalten. Erst mit der #MeToo-Debatte wird diese Ungeheuerlichkeit als solche enttarnt, werden die Betroffenen gehört und die Täter zur Rechenschaft gezogen. Der Weinstein-Affäre folgten viele weitere Fälle. Einige Filmfirmen, darunter Netflix, zogen Konsequenzen, und auch im deutschen öffentlich-rechtlichen Rundfunk ist man spätestens seit der Diskussion um den Regisseur Dieter Wedel vorsichtiger geworden und selbstkritischer, was Schweigekartelle rund um diese mächtigen Männer angeht.

Noch Anfang der 1990er Jahre sah die Sache wesentlich anders aus. Im US-Podcast *Hidden Brain* berichten in der Ausgabe vom 5. Februar 2018 mehrere Frauen, darunter die Theaterautorin Jocelyn Meinhardt, dass Frauen Anfang der 1990er Jahre nicht geglaubt wurde, wenn sie ähnliche Geschichten über Drehbuchautoren oder Regisseure an die Öffentlichkeit zu bringen versuchten. Entweder man hörte ihnen gar nicht erst zu, oder man bezichtigte sie der Lüge. So oder so: Das System blieb unangetastet, die Männer mussten nichts befürchten, keine Verantwortung für ihre Taten übernehmen, nichts. 2017 gelang es Frauen endlich, Gehör zu finden, und nicht wenige glauben, dass einer der Gründe das Entsetzen über den US-Präsidenten Trump ist, der nicht nur die Ungehörigkeit in Person zu sein scheint, sondern trotzdem auch noch der mächtigste Mann der Welt werden konnte. Unangetastet. Anscheinend unverwundbar. Viele Frauen könnten von der Ohnmacht gegenüber ihrem Präsidenten dazu ermuntert worden sein, wenigstens im Kleinen etwas zu unternehmen. Wenn sie schon den Präsidenten nicht zur Verantwortung ziehen und die Taten, die man ihm anlastet, noch nicht nachweisen können (18 Frauen haben Aussagen bezüglich sexueller Belästigung, Nötigung und unangemessenem sexistischem Verhalten am Rande von Schönheitswettbewerben gemacht), dann wollen sie wenigstens das in ihren Möglichkeiten Stehende tun. Also haben sie eben jene angezeigt oder zur Rechenschaft aufgefordert, die in ihrem Umfeld sexuell übergriffig waren.

Seit #MeToo haben sich mehrere Dinge geändert: Eine Mauer des Schweigens, wie sie in nahezu allen besprochenen Fällen existiert haben soll, wird vielerorts in Zukunft schwerer zu errichten sein. Frauen wie Männer sind wesentlich sensibilisierter für das Thema, und die Opfer wissen, dass man ihnen heute eher glauben wird als noch vor 20 Jahren. Wer nach #MeToo noch wegschaut, verhält sich nicht mehr »normal« oder »wie alle«, sondern er macht sich zum Mittäter einer Handlung, die zumindest in den meisten westlichen Gesellschaften nicht mehr als akzeptabel gilt. Keine Macht der Welt, so die Botschaft von #MeToo, erlaubt es einem Mann, Frauen zu nötigen oder gar zu vergewaltigen. Und viele Frauen wissen, dass ihre Geschichten nun einen Wert haben – genau wie sie selbst. Dass sie es riskieren können, ihre eigene Geschichte zu erzählen, Herrin über diese Erzählung zu werden. Sie müssen nicht mehr akzeptieren, dass andere das Geschehene für sie einordnen. Sie wissen, dass sie in Zukunft damit rechnen können, dass man ihnen helfen wird. Wenn auch noch lange nicht auf der ganzen Welt – in dieser Hinsicht liegt noch ein weiter Weg vor uns.

Und noch etwas ist passiert: Dank #MeToo hat eine Debatte über die Schweigekartelle, an deren Spitze mächtige Männer stehen, und die gesellschaftlichen Strukturen stattgefunden. Wie konnte es sein, dass überall, wo Frauen in der Filmbranche (und sicherlich auch anderswo) Karriere machen wollten, Männer darüber entschieden? Wieso gab und gibt es so gut wie keine Regisseurinnen, Filmproduzentinnen, Drehbuchautorinnen usw.? Wenn an den Schaltstellen der Macht in einem System nur Männer sitzen und Frauen in der Position der Bittstellerinnen dieser Männer gehalten werden – ist es dann ein Wunder, dass solche Männer irgendwann größenwahnsinnig werden und zu glauben beginnen, dass sie sich dafür auch »bezahlen« lassen könnten? Was von der #MeToo-Debatte bleiben muss, ist der Impuls, die Machtpositionen in unserer Gesellschaft – in Politik, Kultur und Wirtschaft – paritätisch zu besetzen, mit Frauen und Männern gleichermaßen. So dass niemals wieder eine Frau, die etwas werden will, davon abhängt, dass der Mann, der sie dazu machen kann, sexuell befriedigt wird – einfach, weil es als Alternative auch noch die Frau in der vergleichbaren Position gibt, die ihr ebenfalls zum Erfolg verhelfen kann.

## Feminismus und Emanzipation heute

Das alles sind großartige emanzipatorische Erfolge. Und doch sind wir noch lange nicht fertig. Das hat auch der Feminismus irgendwann begriffen. Lange Zeit kämpfte man vor allem für die Rechte der westlichen, weißen Frauen, und dieser Kampf ging nicht selten von der (oftmals akademisch gebildeten) Mittelschicht aus. Schon die Suffragetten stammten überwiegend aus dem Bürgertum. Die Feministinnen der 1970er Jahre waren ein Teil der Studentenbewegung, und bis heute sehen wir vor allem Frauen, die selbst als »privilegiert« in irgendeinem Sinne gelten, als Gesichter des Feminismus in den Medien.

Manche von ihnen haben dabei, ein wenig wie die Männer der Aufklärung, im Eifer des Gefechts aus dem Auge verloren, dass viele Menschen auf der Welt gerade noch immens dafür kämpfen müssen, sich von alten Phantasmen zu emanzipieren. Die Schwarzen müssen sich vom Phantasma der Rasse befreien; die Armen müssen den Mythos überwinden, dass es Chancengleichheit auf der Welt gebe und dass, wer arm sei, daran eben auch selbst Schuld trage. Die Heterosexuellen wiederum hatten das Phantasma etabliert, Homosexualität sei »gegen die Natur« und gehöre deswegen verboten. In fast 80 Ländern auf dieser Welt werden Homosexuelle noch strafrechtlich verfolgt. In manchen droht ihnen die Todesstrafe, aber das ist nur die Spitze des Eisbergs. In Deutschland musste die homosexuelle Emanzipationsbewegung bis in die 1990er Jahre dafür kämpfen, für sexuelle Handlungen mit Unter-21-Jährigen nicht bestraft zu werden (während Heterosexuelle ab 14 Jahren rechtlich gesehen miteinander Sex haben dürfen). Bis 2017 mussten sie warten, um in der Ehe endgültig gleichgestellt zu werden.

Emanzipation ist derzeit auch ein sehr wichtiges Thema für alle Muslime. Einerseits geht es dabei um eine Emanzipation *im* Islam selbst. Andererseits aber auch um eine Emanzipation *als* Muslime innerhalb der westlichen Gesellschaften. Sie sind in vielen Ländern der Welt mittlerweile von einem härteren Rassismus betroffen als Schwarze. Es ist ein neues Phantasma entstanden, an dessen Entstehung insbesondere rechte, identitäre Gruppen mitgewirkt haben. Sie setzen den Islam gleich mit Terrorismus, Frauenfeindlichkeit und der Scharia; auch unterstellen sie allen Menschen, die aussehen, als *könnten* sie Muslime sein, üble Absichten. In gewisser Weise widerholen sich damit Verhaltensmuster der Judenfeindlichkeit, wie sie vom Mittelalter bis ins Dritte Reich in Deutschland verbreitet waren. Damals galten Juden als Volksparasiten, man dichtete ihnen an, die Pest in ein Land oder eine Gegend gebracht zu haben, raffgierig zu sein. So manche dieser Erzählungen trifft man heute in einer zunehmend polarisierten Welt wieder. Im Deutschrap beispielsweise werden antisemitische Verschwörungstheorien bedient, man kann damit wieder Geld verdienen.

### Framing

In der Kommunikationswissenschaft steht der Begriff
»Framing« und das dazugehörige Verb »framen« dafür,
dass man bestimmte Ereignisse oder Themen in ein ganz
bestimmtes Deutungsmuster einsortiert. So werden bestimmte Informationen selektiv weglassen und andere
hingegen überbetont.

»Framing bedeutet, einige Aspekte einer wahrgenommenen
Realität auszuwählen und sie in einem kommunikativen
Text hervorzuheben, um dadurch eine bestimmte Definition
des Problems, eine Interpretation seiner Ursachen, eine
moralische Bewertung oder eine Handlungsempfehlung
plausibler zu machen.«

(Robert Entman, *Framing: Towards a Clarification of a
Fractured Paradigm*)

Doch zurück zu den Muslimen. Spätestens seit dem Buch
*Deutschland schafft sich ab* (2010) von Thilo Sarrazin, sind sie
als eine gefährliche Bevölkerungsgruppe geframet.

Die Angst vor dem Islam, der »Islamisierung« und Menschen, die muslimisch aussehen, wird dabei bewusst geschürt.
Sie wird zum Motor einer ganzen politischen Bewegung, die
sich selbst als Opfer darstellt und versucht, über den Kampf
gegen Muslime gesellschaftliche und kulturelle Überlegenheit zu erlangen. Sie sind es, die heute wieder von »rückstän-
digen Kulturen« sprechen. Konkret äußert sich ihr Einfluss
darin, dass Muslime größere Probleme als andere Bürger haben, einen Job zu bekommen oder eine Wohnung zu mieten.
In den USA ist die anti-muslimische Stimmung schon so stark,

dass sie offen auf der Straße angefeindet werden. Auch in Deutschland berichten mehr und mehr Muslime von direkter Feindseligkeit und fremdenfeindlichen Sprüchen. Die Muslime sind kaum noch Herren über die Geschichten, die über sie erfunden werden. Immer mehr Menschen arbeiten daran, auch politisch Tatsachen zu schaffen, um Muslime zu benachteiligen.

Muslimische Frauen bekommen diese Diskriminierung aber schon heute oft zu spüren. Jahr für Jahr wird eine Debatte über das Verbot des Kopftuches geführt. Und in manchen Berufen ist das Verbot längst in Kraft – während gleichzeitig in Bayern ein Kruzifix-*Gebot* in Behörden eingeführt werden soll. Die Handlungsräume Kopftuch tragender Frauen sind damit faktisch eingeschränkt. Und bei der derzeitigen politischen Debattenlage fürchten nicht wenige, dass die Zukunft noch düsterer aussehen könnte. Aber bleiben wir optimistisch. Um sich in Deutschland zu emanzipieren, müssten Muslime es schaffen, das Phantasma über ihre vermeintliche Rückständigkeit zu widerlegen. Es gibt deutschlandweit seit 1997 jedes Jahr am 3. Oktober den Tag der offenen Moschee, gleichzeitig mit dem Tag der Deutschen Einheit. 1997 war das »Internationale Jahr gegen Rassismus und Fremdenfeindlichkeit«, und man wusste schon damals, dass eines der wichtigsten Mittel zur Überwindung der Fremdenfeindlichkeit darin besteht, diese »Fremden« kennen zu lernen – und eben auch ihre »fremde« Religion. Über 1000 Moscheen öffnen daher jedes Jahr am 3. Oktober ihre Türen und zeigen den überwiegend nichtmuslimischen Besuchern in Moscheeführungen den Ort ihres Glaubens. Es gibt Podiumsdiskussionen sowie Buch- und Kunstausstellungen zu verschiedenen Themen und Debatten. Dazu werden Tee, Kaffee und Gebäck angeboten. Mit diesen

Begegnungen und Gesprächen sollen die Vorbehalte und Ängste der Nichtmuslime abgebaut werden, vorausgesetzt, sie kommen.

Gleichzeitig gibt es aber auch innerhalb des Islams eine Bewegung, die sich für eine Liberalisierung ihrer Religion einsetzt. Sie argumentieren für einen säkularen Islam, also eine Religion, die klar von weltlicher Macht getrennt ist und sich in die weltlichen Fragen von Staat und Politik nicht einzumischen hat. VertreterInnen dieser liberalen oder säkularen Bewegung innerhalb des Islams haben im Gegensatz zu den klassischen Moschee- und Islamverbänden das Problem, dass sie nicht so gut organisiert sind. Zwar gibt es seit 2010 den Liberal-Islamischen Bund, doch er bietet zum Beispiel nicht in allen Städten Anlaufpunkte für Interessierte an. So treten diese häufig als EinzelkämpferInnen auf. Viele von ihnen sitzen zwischen allen Stühlen und werden von allen Seiten angegriffen: auf der einen Seite von den Rechten und Islamhassern, auf der anderen Seite von anderen Muslimen. Denn innerhalb der muslimischen Gemeinden gelten sie oft als zu freizügig, nicht als »echte« Muslime oder gar als verwestlichte »Verräter« an der eigenen Religion und sehen sich massiver Kritik, Angriffe bis hin zu Todesdrohungen ausgesetzt. So geht es etwa der Imamin Seyran Ateş, die in Berlin eine eigene Moschee gegründet hat, obwohl das laut konservativen Muslimen Männern vorbehalten ist. Im Sinne der Emanzipation hat sie damit das einzig Richtige getan, denn als Imamin kann sie mitbestimmen, wie die Geschichten in ihrer Moschee erzählt werden. Damit beeinflusst sie, wie die Gläubigen ihre Religion leben, sie ermöglicht eine moderne und liberale Auslegung der Schriften und gleichzeitig eine, die von alten Wahnvorstellungen befreit ist, die viele orthodoxe Prediger bis heute pflegen (Homosexuelle sind in manchen islamischen Ländern, in denen die Scharia als Rechtsordnung eingesetzt ist, von der Steinigung bedroht). Ein liberaler Islam praktiziert hingegen eine vernunftorientierte Auslegung des Schriften und sieht eine historisch-kontextualisierte Einordnung der Textstellen als unerlässlich an.

Sineb El Masrar ist eine junge Journalistin und Muslimin. Im Oktober 2010 erschien ihr Buch *Muslim Girls: Wer wir sind, wie wir leben*, das einen Beitrag gegen Vorurteile und zur besseren Verständigung leisten sollte. El Masrar plante, die typischen Vorurteile gegen Musliminnen, etwa dass sie unterdrückt, zwangsverheiratet und zwangsverhüllt seien, zu widerlegen. Sie sprach mit unzähligen muslimischen Frauen, hörte sich ihre Geschichten an und zeigte: So selbstbestimmt wie sie selbst leben viele andere Musliminnen auch:

Tagsüber studieren sie BWL und abends sind sie Privatsekretärinnen ihrer in Behördenfragen oft unbeholfenen Eltern. Du triffst sie auf der Party eines Kommilitonen und sie flirten mit Mehmet, Christoph oder vielleicht auch Enrico. Sie sind Muslima 2.0, und sie sind keine Opfer, sondern eigenwillige Frauen, die ihr Leben selbst in die Hand nehmen.

Doch so einfach ist die Sache eben nicht. 2016 erschien El Masrars zweites Buch: *Emanzipation im Islam – Eine Abrechnung mit ihren Feinden*. Mit El Masrar sprach ich über die Emanzipation im Islam und darüber, was passieren muss, damit sie wirklich gelingen kann.

**Frau El Masrar, wie kamen Sie dazu, sich mit der Emanzipation im Islam zu befassen, was hat den Anstoß dazu gegeben?**

Sineb El Masrar: Ich beschreibe in *Muslim Girls*, dass muslimische Frauen und Mädchen auch Meisterinnen darin sind, eine Art Doppelleben zu führen: auf der einen Seite der Familie ein bestimmtes Gesicht zu zeigen und nach außen ein anderes, dann aber trotzdem zu versuchen, ihre Bedürfnisse zu erspüren und dann irgendwie diese zwei Gesichter vielleicht in eins zusammenzuführen. Damit sind ganz viele immer noch beschäftigt. Bei manchen funktioniert es besser, bei manchen weniger. Da gibt es auch noch ganz vieles aus der Elterngeneration, das gar nicht aufgearbeitet worden ist. Zum Teil sind das sehr starke Konflikte und eigene schlimme Erfahrungen. Daher empfindet die Elterngeneration oft eine große Ohnmacht, und diese Ohnmacht kann sich zum Beispiel in Gewalt oder extrem strengen Verboten äußern. Viele Eltern haben auch wenig Kenntnis über die eigene Religion. Zwar werden viele Verbote mit der Religion begründet, aber es wurde oft nicht erklärt, auf was das Verbot eigentlich in der Religion fußt.

**Das Buch *Emanzipation im Islam* erschien 2016, und es setzt sich stärker als *Muslim Girls* mit der Theologie und der konkreten Rolle der Frau im Islam auseinander. Viele Frauen sagen ja, dass sie sich als Muslimin manchmal so fühlen, als würden sie zwischen allen Stühlen sitzen. Geht das Ihnen auch so?**

Ich sitze nicht zwischen den Stühlen, sondern ich schiebe die Stühle zusammen und setze mich mit meinem breiten Hintern da drauf. Dann habe ich mir da was Eigenes kreiert. Und bei diesem eigenen Kreieren geht es darum herauszufinden, was meine Bedürfnisse sind, woher ich diese Bedürfnisse habe. Damit ich mich trauen kann, bestimmte Sachen zu sagen, die andere sich nicht zu sagen trauen. Es fällt vielen schwer, das alles zu reflektieren, gerade im Kontext der Religion. Da gibt es noch ganz viele Fragen, ganz viele Lücken. Die versuche ich aufzuarbeiten, um zu zeigen, warum die Religion Islam so ist, wie wir sie heute haben. Warum sie in bestimmten Auslegungen auch sehr restriktiv und frauenfeindlich ist. Und warum eigentlich alle progressiven Seiten dieser Religion nicht vermittelt und unter den Teppich gekehrt werden. Das Buch nennt Ross und Reiter, es ist sehr detailliert und sehr umfangreich, was Historie und Quellen angeht. Damit kann sich jede und jeder hinsetzen und anfangen, unbefangene Fragen zu stellen.

**Ist das Fragenstellen, das Sich-Auseinandersetzen und der Versuch, diese zwei Stühle zusammenzuschieben, Ihr Begriff von Emanzipation?**

Eine ganz große Rolle spielt die Selbstbestimmung. Sind meine Bedürfnisse wirklich meine, oder wurden sie im Lauf der Erziehung an mich herangetragen? Oder verhalte ich mich nur auf eine bestimmte Art und Weise, um dafür von außen Anerkennung zu bekommen? Das ist dann ein Defizit des eigenen Selbstwertgefühls. Daher bedeutet Emanzipation für mich, dass man wirklich für sich steht und seinen eigenen Weg geht. Ich kann Fehler machen, dazu stehen, dadurch wachsen, ohne dass ich mich dafür vor meiner Familie oder vor der Gesellschaft rechtfertigen oder gar fürchten muss. Dabei ist es aber wichtig, dass man nicht anfängt, andere zu degradieren. Wir haben ja auch oft diese Debatte, in der dem Islam vorgeworfen wird, er sei zurückgeblieben, und man könne erst auf Augenhöhe miteinander reden, wenn der Islam sich verändere. Klar gibt es Defizite, es wird viel tabuisiert und das Fragen ist nicht so gern gesehen. Da gibt es noch eine sehr große Unsicherheit, und solange wir die nicht aufbrechen, gibt es auch keine echte Emanzipation. Man kann dieser Religion aber verbunden bleiben und sie auch praktizieren, auch wenn das durch den Sexismus, der dort vorhanden ist, manchmal schwierig ist. Wenn ich etwa als Frau in eine Moschee gehe und mir erst einmal stundenlang erklärt wird, wie ich mich anzuziehen habe, wie ich mich zu verhalten habe und dass ich bitte in den separaten Raum und nicht in den Hauptraum zu gehen habe, dann ist das auch kein emanzipiertes Handeln.

**Das Werkzeug, das Sie zu nutzen versuchen, ist ja das Wissen. Sie ziehen ganz viele Quellen heran und Sie versuchen zu zeigen, wie Emanzipation mit dem Islam Hand in Hand gehen könnte.**

Das Interessante ist, dass ganz viele, die diesen Titel gelesen haben, sagen: Emanzipation und Islam – das geht doch gar nicht zusammen! Und das stimmt, wenn man die ganz patriarchale Auslegung nimmt – und der Islam *ist* eine patriarchale Religion, wie das Christentum und das Judentum auch. Das kann man nicht negieren. Aber wir sehen in der Geschichte dieser Religion, dass es durchaus auch Frauen gab, die sich zum Beispiel in der Mystik eingebracht haben und als Frau sowie Muslimin nicht auf das Haus zurückgezogen haben. Rābia al-Adawiyya al-Qaisiyya (ca. 714–801) ist sogar so weit gegangen zu sagen, dass sie »Feuer ins Paradies« und »Wasser in die Hölle« kippt, damit die gläubigen Muslime sehen, dass nicht alles schwarz und weiß ist, dass Gott gnädig ist. Das war eine aktive Frau, die sogar mit einem Tabu gebrochen hat. Sie hat muslimischen Männern die Deutungshoheit genommen und ihnen beigebracht, dass sie in der Auslegung der Religion auch viele Fehler machen. Damit ist sie ein Vorbild, ein Leuchtturm.

**Das heißt, es geht vor allem darum, auch diese anderen Geschichten zu zeigen und zu erzählen?**

Das Thema Bildung und Zugang zu Quellen ist zentral. Dass man mit Inhalten und Informationen umzugehen weiß und sie nicht einseitig betrachtet. Man kann die Leuchttürme ja finden, aber von ihnen wurde oft nichts in der Geschichte überliefert. Und da einfach die Frage zu stellen: Warum ist das eigentlich so? – das ist ein Anfang. Und dann kann man die Antworten finden. Quellen sind oft voreingenommen, weil die Männer eben alleinige Deutungshoheit hatten, weil es nicht vorgesehen war, dass beide Geschlechter lesen und schreiben lernten – das lernten ja nicht einmal alle Männer im gleichen Umfang, die Bildung ist immer für eine bestimmte Gruppe der Männer vorbehalten gewesen. Das ist in Europa vor der Industrialisierung nicht anders gewesen. Und daran sieht man auch, dass viele Mechanismen in verschiedenen Kulturkreisen im Grunde immer die gleichen sind. Darin unterscheidet sich der Islam nicht von den anderen Religionen. Wobei wir muslimischen Frauen tatsächlich eine bessere Ausgangslage haben als Christinnen oder Jüdinnen! Deswegen ist das Thema Bildung zentral für mich. Die erste Universität wurde von einer muslimischen Frau gegründet: Fatima al-Fihri (ca. 800–880) hat 859 die Koranschule und spätere Universität von Fès in Marokko ins Leben gerufen. Aber auch das war immer noch ein Ort, an dem vor allem Männer gelehrt und studiert haben, nur hatte sie als privilegierte Frau eben das Geld.

**Gibt es weitere Belege für Ihre Behauptung, dass es die Musliminnen eigentlich leichter haben, als es Jüdinnen oder Christinnen hatten?**

Ja, zum Beispiel Mohammeds erste Frau Chadīdscha bint Chuwailid (ca. 555–619). Dort, wo er mit ihr lebte, ist heute ein öffentliches Klo – alle anderen Orte, an denen der Prophet gelehrt oder gewirkt hat, sind heute dagegen heilige Stätten, sie werden gepflegt und verehrt. Dabei war seine erste Frau sehr wichtig: Sie war die erste Gläubige und sie war auch diejenige, die ihn bestärkt hat, denn als er die erste Sure von Gott empfangen hat, war er komplett überfordert. Sie war die Frau, die hinter ihm stand und gesagt hat: Das ist gut so, mach weiter, ich bestärke dich. Und sie war deutlich älter als er, finanziell autark, sie haben lange in einer monogamen Beziehung gelebt – aber auch damit muss man aufpassen: Sie war nicht autark, weil sie Muslimin war, sondern weil sie in einem weitgehend matriarchalen System aufgewachsen ist.

Was auch sehr spannend ist: Der Prophet hatte nur Töchter. Und es gibt unheimlich viele muslimische Männer, die sagen: »Der Prophet ist mein Vorbild, aber ich will einen Sohn!« Da denke ich immer: Aha, aber der Prophet hatte nur Töchter. Und die Töchter waren sehr selbstbewusst! Das wurde aber auch nicht übermittelt. Auch sorgten die weiteren Offenbarungen dafür, dass Frauen der Anspruch auf eigenes Erbe ermöglicht wurde, ebenso wie das Anrecht auf Versorgung in der Ehe oder auch nach der Scheidung. Beispielsweise erhielt eine Frau keine Mitgift, die in den Besitz des Ehemannes überging, sondern eine Brautgabe für sich allein. Für die damaligen Verhältnisse war das revolutionär, und diesen revolutionären Geist braucht es auch heute! Dafür ist aber Mut gefragt.

**Wie wirkt sich dieses fehlende Wissen denn konkret in muslimischen Familien heute aus?**

Da erlebt man einfach sehr viel Scheinheiligkeit. Das ist auch ein Missbrauch der Religion! Wir Muslime regen uns ganz oft darüber auf, dass der »Islamische Staat« die Religion missbraucht, dabei gibt es auch ganz viele Bereiche jenseits von Terror und Gewalt, in denen Missbrauch stattfindet – wenn einer sagt: »du musst konvertieren, damit du meine Tochter heiraten darfst«, ist das auch ein Missbrauch, und er macht seine Tochter damit unglücklich. Allerdings gibt es schon eine Entwicklung zum Positiven – lange war es nicht akzeptiert, wenn ein Sunnit einen Schiiten heiratete… Das war für die erste Generation der Einwanderer in Deutschland schon sehr schwierig. Wenn ein Mann und eine Frau aus verschiedenen Städten oder Ländern kamen und heiraten wollten, war das oft schon ein Problem, und damit musste sich die erste Einwanderergeneration noch herumschlagen.

**Wenn Sie das alles so kritisch sehen, warum widersprechen Sie dennoch denen so vehement, die den Islam auf die übliche Weise als rückständig kritisieren?**

In Europa hat man ja auch eine sehr lange Zeit für die eigene Emanzipation gebraucht, Hunderte von Jahren. Noch Anfang des 20. Jahrhunderts war man vollauf damit beschäftigt. Gerade Frauen hatten nicht die gleichen Rechte, Sexualität wurde unterdrückt und so weiter. Von Muslimen erwarten viele nun, dass die es aber von jetzt auf gleich erledigen sollen. Dabei ist das ein Prozess, in dem man viel Zeit für Reflexion braucht. Es funktioniert einfach nicht, den Muslimen von heute auf morgen die eigene Lebensweise überzustülpen. Dieses Überstülpen hat sich in der Geschichte auch immer gerächt, das sehen wir zum Beispiel in der Türkei. Im Modernisierungsprozess, den ihr erster Präsident Mustafa Kemal Atatürk (1881–1938) vorangebracht hat, wurde die »Moderne Europas« einfach eins zu eins übernommen, auch indem man Menschen verbot, ihren Schleier zu tragen. Und wenn dann, wie in diesem Fall, über viele Jahrzehnte ein Habitus gepflegt wird, in dem man sich selbst für »die Guten und Gebildeten« hält und auf die Bauern, die sich nicht weiterentwickeln, herabblickt, dann rächt sich das. Das sehen wir heute mit Recep Tayyip Erdoğan samt dieser ganzen konservativen und reaktionären Elite. Und das sehen wir auch im Iran. Das alles bedeutet aber nicht, dass wir Muslime uns entspannt zurücklehnen. Anpacken und die Dinge voranbringen sind schon gefragt.

**Wie geht es denn besser, Ihrer Meinung nach?**

Ich finde, dass Marokko ein gutes Beispiel ist. Das ist zwar ein sehr konservatives Land, aber man lässt sich sehr viel Zeit mit den Debatten. Momentan spricht man dort darüber, wie man das traditionelle Erbrecht reformieren könnte. Wir haben eben andere Zeiten und reden viel mehr über Gleichberechtigung – deswegen wird theologisch diskutiert, ob Männer und Frauen nicht das gleiche Recht auf ihr Erbe haben sollten – auch wenn viele dagegen halten, dass dies laut Koran nicht möglich sei. Ich finde, das kann man sehr gut begründen! Ganz viele Gesetze basieren ja auf Strukturen aus vergangenen Zeiten, aber grundsätzlich ist der Ton im Islam der Frau zugewandt, und man hat sie immer mitgedacht. Sie war nicht nur irgendein Anhängsel, sondern man hat versucht dafür zu sorgen, dass es ihr gut ging – wenn auch nicht auf Augenhöhe, aber auf Augenhöhe waren die Frauen ja in keiner der großen Religionen. Deswegen finde ich: Emanzipation ist innerhalb des Islams sehr gut möglich!

## Die Utopie als erster Schritt – Emanzipation beginnt mit der Frage, was (anders) sein könnte

In modernen Debatten spricht man heute vor allem von der sogenannten »Intersektionalität«. Dabei geht es darum, verschiedene Diskriminierungsformen als miteinander verschränkt anzuerkennen und zusammen zu denken: Sexismus, Rassismus, Klassismus und die Diskriminierung Behinderter, Homosexueller usw. … Die Idee ist, dass all diese Diskriminierungen ähnlich funktionieren, oft basieren sie auf einem Phantasma über die diskriminierte Gruppe (Schwarze sind dümmer, Araber faul, Homosexuelle unnatürlich, Behinderte nicht von Gott gewollt usw. …). Intersektionalität bringt die Ideen und Nöte schwarzer Menschen in den Feminismus, verbindet die Debatten über die Beteiligung der sozial schwächeren Menschen in einer Gesellschaft und vergisst dabei nicht die Behinderten. Letztendlich geht es um eine Gesellschaft, die *inklusiv* ist, an der alle teilhaben können, in der alle repräsentiert werden und keiner ausgeschlossen ist. Das ist die Zukunft, die alle Menschen anstreben, die sich für eine Emanzipation, einen intersektionalen Ansatz und die Inklusion einsetzen. Manchmal sieht es vielleicht so aus, als seien das verschiedene Ansätze. Aber schaut man genau hin, sind sie einander sehr ähnlich und gehen auch Hand in Hand.

Ein weiteres wichtiges Element der Emanzipation besteht in einer konkreten Vorstellung einer eigenen Zukunft, über die man selbst bestimmt, die man selbst gestalten kann. »Zukunft und Zeit« sind die »beiden Matrizen des Möglichen«, wie Mbembe sagt. Deshalb war der Black History Month, das Greifen der eigenen Vergangenheit und darüber bestimmen zu können, wie sie gelebt und erinnert wird, ein wichtiger Schritt für die Emanzipation der Schwarzen. Zukunft aber ist genauso wichtig wie die Vergangenheit, und genau an diesem Punkt setzt der sogenannte »Afrofuturismus« an. Eine, die diese Bewegung besonders gut kennt, ist Ytasha Womack. Als Comiczeichnerin hat sie afrofuturistische Comics ins Leben gerufen, in denen Schwarze die Hauptrolle spielen. »Afrofuturismus ist ein Blick auf die Zukunft oder auf eine alternative Realität, der durch eine schwarze kulturelle Brille geschieht«, so erklärt Womack den Begriff selbst.

Wir alle kennen aus Comics und Filmen den Kommandeur an Bord des Raumschiffs oder den Superhelden mit Superkräften, all die Figuren also, die wir in unserer Popkultur verehren, wie beispielsweise Superman, Luke Skywalker oder Captain Picard. Doch was haben diese drei mit allen weiteren Helden der Science Fiction oder Comicbranche gemein? Genau: Sie sind weiß. Schwarze HeldInnen hingegen gibt es fast keine. Lange schien niemand das als ein Problem zu empfinden, auch Ytasha Womack nicht. Doch irgendwann fiel ihr auf, dass die Weißen eines hatten, was den Schwarzen fehlte: Identifikationsfiguren, die ein utopisches Leben in der Zukunft lebten. Erst in den 1990er Jahren brach dieses Schema allmählich auf. Aber: Um einen schwarzen SciFi-Helden zu

»Afrofuturismus ist die Überschneidung von Fantasie, Technologie, der Zukunft und der Befreiung.«
(Ytasha Womack, *Afrofuturism. The World of Black SciFi and Fantasy Culture*)

nennen, der nicht von Will Smith gespielt wird, müssen bis heute die meisten lange nachdenken. Genau darin sahen Womack und immer mehr andere ein Problem. Entweder der Held ist Will Smith, oder der Schwarze ist einer der ersten Protagonisten des Films, der stirbt – so sah sehr lange die traurige Realität aus. *Black Panther*, der 2018 in die Kinos kam, ist im Grunde das erste »Science Fiction«-Epos gewesen, das eine schwarze Hauptfigur aufweisen konnte. Deswegen wurde er frenetisch gefeiert.

»Ich möchte über Afrofuturismus sprechen – und über Futurismen ganz allgemein – weil ich es mag, Leute darin zu bestärken, über die Zukunft nachzudenken. Es ist auch wichtig, dass die Leute das Gefühl haben, eine Rolle dabei zu spielen, die Zukunft verändern zu können«, sagte Womack in einem Interview. Der Ansatz besteht also darin, in der Kunst, in der Musik, in den Filmen und im Tanz die Kultur der Schwarzen zu repräsentieren.

Da Womack als Kind diese Perspektiven vermisste, wollte sie die Geschichten der Vergangenheit wiederbeleben und auf die Zukunft übertragen. Mit diesen Stories ist sie allerdings anfangs auf sehr große Skepsis und Vorbehalte gestoßen. Niemand konnte sich vorstellen, dass sich SciFi und Comics mit schwarzen Heldinnen verkaufen würden – wer will denn schon so etwas lesen? Aber diese Skeptiker ignorierte Ytasha Womack einfach und schrieb Geschichten über Heldinnen von einem Planeten namens »Hope«, die das ganze Universum bereisten und dabei tolle Abenteuer erlebten.

Inzwischen haben ihre Ideen eine Bewegung in Gang gesetzt, und ganz so abwegig finden es die meisten Leute nicht mehr, darauf zu achten, dass schwarze Perspektiven und schwarze Geschichte in den Visionen und Utopien unserer Zeit vorkommen. Das sieht man unter anderem daran, dass es nur logisch erschien, eine schwarze Offizierin namens Michael Burnham als Hauptperson der neuen Star-Trek-Serie *Discovery* einzuführen. Auch spielte eine schwarze Schauspielerin Hermine Granger im Theaterstück *Das verwunschene Kind*, das eine Fortsetzung der Harry-Potter-Geschichte ist. Die Autorin Joanne K. Rowling hat mehrmals betont, dass die Hautfarbe von Hermine im Buch niemals klar genannt wurde und dass es jeder LeserIn offen stand, sich eine weiße oder schwarze Hermine vorzustellen. Das Ganze mag wie eine Nebensächlichkeit klingen, doch gerade für junge Mädchen kann es entscheidend sein, in einer Romanfigur Identifikationsmöglichkeiten zu finden und mit deren Hilfe vielleicht eine belastende Situation wenigstens in der eigenen Fantasie zu verlassen. Gerade Menschen, die sich in schwierigen Phasen des Lebens befinden, können in der eigenen Vorstellungskraft einen Ort finden, in dem sie stark sind, ihre Probleme beheben und die eigene Zukunft kreativ gestalten.

Womack hat bei ihren Lesungen und Filmvorführungen Erwachsene kennengelernt, die sich bei ihr bedankten und ihr anvertrauten, dass sie, seit sie sich mit dem Afrofuturismus beschäftigten, selbst anders träumten. Viele kamen erst durch diese »schwarz gefärbten« Geschichten auf die Idee, die glei-

Das Cover von Ytasha Womacks Buch *Afrofuturism* illustriert die avantgardistische Ästhetik der Bewegung.

chen Fähigkeiten haben zu können wie die Weißen: »Ich dachte, ich wäre gern ein Astronaut, aber dann dachte ich, das geht
gar nicht, weil ich schwarz bin, aber jetzt weiß ich, dass es
*geht*.«

## Digitale Emanzipation
### und andere moderne Abhängigkeiten

Im Jahr 2011 begann der Krieg in Syrien. Viele Menschen sind
seither auf der Flucht, so auch Abdul Rahman AlAshraf, der im
Jahr 2015 nach Deutschland kam und inzwischen in Stuttgart
lebt. Fünf Jahre hat er inmitten des Bürgerkrieges ausgehalten,
und er beschreibt die Angst um seine Freunde und Familie als
eine der schlimmsten Qualen in dieser Zeit. Durch den Krieg
waren die Infrastruktur und auch die digitalen Netze zerstört,
immer wieder brach die Verbindung ab. 2013 erlebte AlAshraf,
wie das Zentrum von Damaskus, wo er damals wohnte, für
mehr als fünf Monate von der Welt abgeschnitten war. Es gab
weder eine Netzwerkverbindung noch eine Möglichkeit zu erfahren, wie es den Menschen ging, die einem am wichtigsten
waren. Als AlAshraf nach Deutschland kam, traf er auf viele
andere Geflüchtete mit dem gleichen Problem: Sie wussten
nicht, ob es Freunden und Familie gut ging. Und ihm wurde
klar, dass dieses Problem nicht nur syrische Flüchtlinge betraf,
sondern dass 16 Prozent der Weltbevölkerung keinen guten In-
ternetzugang haben. Das brachte ihn auf den Gedanken, ein
eigenes Netzwerk zu schaffen, eines, das die Menschen mit
den Mitteln nutzen können, die sie schon in ihrer Tasche haben. Das Ergebnis seiner Überlegungen heißt FreeCom, eine
Technologie, die es Menschen ermöglicht, einander Nachrich-

ten über ihre Smartphones zu schicken, ohne dass dafür eine Internetverbindung notwendig wäre.

Ein solches unabhängiges Netzwerk nennt man »Mesh Network« (zu deutsch: Maschennetzwerke). Wenn alle Leute in einer Gegend Teil dieses Netzwerkes werden, kann (ein bisschen wie bei dem alten Spiel »Stille Post«) eine Nachricht von einem Smartphone zum anderen so lange weitergeleitet werden, bis sie den erreicht, den sie erreichen soll. Die Informationen werden zuerst in Ultraschall umgewandelt, dann werden sie von den Mikrophonen der in der Umgebung befindlichen Smartphones gehört und schließlich durch das Programm in die Information zurückübersetzt. Das System kann öffentliche Nachrichten übertragen, etwa um alle Menschen in einer bestimmten Gegend vor einem Ort zu warnen, der gerade angegriffen wird. Es funktioniert aber auch als intime Kommunikation von Mensch zu Mensch, wobei die Nachricht verschlüsselt wird, um sicherzustellen, dass niemand anders und schon gar kein feindlicher Mitleser sie verstehen kann.

Was AlAshraf damit geschaffen hat, ist eine Möglichkeit, sich von der Verfügbarkeit öffentlicher oder staatlicher Netze zu emanzipieren. Indem er seine Technologie als Open-Source-Projekt Ende 2017 veröffentlicht hat, ermöglichte AlAshraf es auch anderen Entwicklern, an der Idee weiterzubasteln. Was in Syrien lebensrettend sein kann, ist eine Idee, die auf der ganzen Welt Schule macht. Schon 2014 berichtete die englischsprachige Zeitschrift *wired*, dass Mesh Networks eine echte Alternative zum klassischen Internetanbieter sein könnten. »Das Internet ist schwach«, schreibt die Autorin Primavera de Filippi. Das zeige sich etwa dann, wenn Naturkatastrophen wie Hurrikane oder Taifune über ein Land fegten und die Netze lahmlegten, aber auch der Umstand, dass die NSA die

»normalen« Netze komplett überwache, wie die Enthüllungen des berühmten Whistleblowers Edward Snowden gezeigt hatten, mache das konventionelle Internet verwundbar. Wäre nach dem Taifun Haiyan, der die Philippinen im Jahr 2014 traf, ein solches Netzwerk nicht hilfreich gewesen? De Filippi ist sich sicher: »In einem Land, in dem über 90 Prozent der Bevölkerung Zugang zu Mobiltelefonen haben, hätte der Einsatz eines Notfall-Mesh-Netzwerks Leben retten können«.

Dadurch, dass das Netzwerk durch viele Maschen (*meshs*) miteinander verbunden ist, bricht es nicht so schnell zusammen. Fällt ein Gerät aus, können die anderen in der Umgebung das Netzwerk trotzdem weiter aufrechterhalten. »Verglichen mit einem zentralisierterem Netzwerk ist der einzige Weg, ein Mesh-Netzwerk abzuschalten, der, jeden einzelnen Knoten abzuschalten«, erklärt de Filippi. Doch eine Katastrophe ist nicht der einzige mögliche Anlass für seinen Einsatz. Bis heute können sich viele Menschen weltweit kein ordentliches Essen leisten – geschweige denn einen Internetanschluss. In besonders armen Regionen könnte die Mesh-Technologie deshalb doppelt helfen: Die Menschen können miteinander kommunizieren und einander selbst besser unterstützen, während humanitäre Hilfe besser den tatsächlichen Bedürfnissen der Menschen in diesen Regionen angepasst werden könnte.

»Wir machen das selbst« lautet die Botschaft, die von Mesh Networks ausgeht. Und der charmante Aspekt dieses Gedankens ist: Wenn wir es selbst machen, entziehen wir denen, die es sonst für uns machen, auch die Kontrolle. Sie könnten uns dann nicht mehr einfach ausspähen – dafür müssten sie selbst Teil des Netzwerks werden, und selbst dann wäre es möglich, unerwünschten Beobachtern durch effektive Verschlüsselung etwas entgegenzusetzen. Außerdem liegt die Macht und die

Kontrolle über das Netzwerk nun nicht mehr in der Hand einer einzelnen Firma, sondern in der Hand einer Gruppe. Die Nutzergemeinschaft bestimmt, nicht der einzelne Anbieter.

## Digitale Monopolisten und unsere Abhängigkeit

Im Westen jedoch ist das genaue Gegenteil dieser Idee an der Tagesordnung. Nicht nur hängt unsere Internetinfrastruktur von wenigen Firmen ab, deren Breitbandzugang mal mehr, mal weniger gut funktioniert und deren Preispolitik immer wieder Thema politischer Debatten ist. Wir haben uns darüber hinaus auch Firmen ausgeliefert, die wie Monopolisten agieren, wann immer wir im Internet Kontakt zu unseren Freunden halten (Facebook), Begriffe suchen (Google), Videos gucken (Youtube) oder einkaufen (Amazon). Und diese Internetgiganten nutzen ihre Vormachtstellung, um unsere Abhängigkeit noch zu steigern, aber auch ganz simpel, um Geld an uns zu verdienen.

Da wäre der Riesenkonzern Facebook, der zusammen mit Google über 90 Prozent aller digitalen Werbeeinnahmen verbuchen kann. Warum? Weil Facebook über die Jahre hinweg das Datensammeln so perfektioniert hat, dass es Werbekunden mit minimalem Aufwand, nämlich per Algorithmus, mit potenziellen Käufern ihrer Produkte zusammenbringt. Denn die Plattform findet nicht nur heraus, was wir mögen und tun, indem sie auswertet, was wir dort posten. Sondern sie verfolgt auch, womit wir uns im Netz sonst beschäftigen. Wenn wir zum Beispiel bei Facebook eingeloggt sind, dann aber etwa die Webseite eines Magazins ansteuern auf der sich ein Facebook-Like-Button unter dem Artikel befindet, dann weiß Facebook

Bescheid, ohne dass wir den Like-Button betätigen müssen. Es weiß auch, wie lange wir dort waren, welche Links wir von dort aus angeklickt haben. Sofern wir das Ganze auf unserem Smartphone getan haben, kann es vielleicht sogar erfahren, wo wir gerade sind und wohin wir uns dabei bewegen, denn das Telefon ist übers Mobilfunknetz oder GPS leicht zu orten. Alles das läuft im Hintergrund ab, wird gespeichert und formt auf diese Weise ein digitales Porträt von uns, das Facebook speichert und abrufen kann, wenn ein Werbekunde ein Produkt verkaufen möchte.

Wie der Politikwissenschaftler Ben Scott in seinem 2018 veröffentlichten Papier »#DigitalDeceit – The Technology Behind Precision Propaganda on the Internet« erklärt, ist diese Technologie inzwischen nicht mehr nur für potenzielle Werbekunden interessant. Auch politische Akteure können sie ganz einfach nutzen, die eine ganz bestimmte Botschaft an die für diese Botschaft empfänglichen Menschen bringen möchten – und zwar nur an diese. Ben Scott ist sich sehr sicher, dass diese Möglichkeiten auch genutzt werden. Er beobachtete sowohl rund um das Brexit-Referendum als auch im Zuge der Trump-Wahl 2016, dass soziale Medien eine Rolle bei der Wahlentscheidung zu spielen schienen. Um seine Vermutung belegen zu können, arbeitete er 2017 in den Monaten vor der Bundestagswahl für die Stiftung Neue Verantwortung eine Studie aus. Darin versuchte er zu analysieren, inwiefern auch hierzulande die sozialen Medien benutzt wurden, um politisch Stimmung zu machen. Ganz konkret konnte er eine deutliche Zunahme an klar erkennbaren Fake News beobachten. Er stieß aber auch an eine Grenze: Die Analyse der dahinter stehenden Algorithmen war ihm nicht möglich, denn diese sind nicht öffentlich. Schlimmer noch: Vermutlich verstehen sie mittlerweile nicht einmal mehr ihre Entwickler selbst, denn die Algorithmen lernen immer mehr und passen sich daraufhin neu an – diese lernenden Algorithmen nennt man auch »Künstliche Intelligenz«, kurz KI.

Die gleichen Strategien nutzen Google und Youtube. Zeynep Tufekci ist eine Professorin an der School of Information and Library Science an der Universität von North Carolina. In einem Artikel bezeichnete sie im März 2018 Youtube als einen der größten Radikalisierer des 21. Jahrhunderts. Wieso? Tufekci hatte sich im Wahlkampf 2016 für einen Artikel ein paar Videos über die Wahlkampfveranstaltungen des damaligen Präsidentschaftskandidaten Donald Trump angesehen. Dabei fiel ihr etwas Seltsames auf: Youtube fing an, ihr nach dem Abspielen eines Trump-Videos Videos von Rassisten, Neonazis und Holocaust-Leugnern sowie andere verstörende Inhalte im Autoplay-Modus zu zeigen. Um zu prüfen, ob Youtube nur die politisch Rechtsstehenden auf diese Art und Weise zu immer extremeren Videos und Theorien lockte, legte sie sich einen Account an, mit dem sie nur Videos der Gegenkandidatin Hillary Clinton und ihres Widersachers Bernie Sanders anschaute. Wohin würde der Algorithmus sie dieses Mal führen? Tufekci landete bei linken Verschwörungstheorien, die sich zum Beispiel darum rankten, dass die US-Regierung hinter den Anschlägen von 11. September 2001 stecke.

Sie schloss daraus, dass Youtube seine NutzerInnen einfach in immer extremere Gefilde des ihnen zugeordneten Meinungsspektrums führe, selbst wenn sie von relativ unbedenklichen Mainstream-Inhalten kämen. Die Theorie bestätigte sich sogar in Bezug auf Ernährungsformen: Schaute sie sich ein Video über Vegetarismus an, wurde ihr im AutoPlay-Modus als nächstes ein Video über Veganismus vorgespielt.

Tufekci witzelt: »Es sieht so aus, als wäre man niemals extrem genug für Youtubes Empfehlungen«. Und das alles passiert nicht etwa, weil Youtube als Firma ein Interesse daran hätte, dass die Leute immer krasseren Theorien anhängen. Vielmehr hat es ein Interesse daran, die Leute möglichst lange auf der Seite zu halten, damit sie möglichst viel Werbung anschauen, womit Youtube wiederum Geld verdient.

Youtubes KI hat also vermutlich schlicht gelernt, dass die Leute länger auf der Seite bleiben, wenn der nächste Inhalt immer noch ein bisschen extremer ist, als das, was sie zuvor gesehen haben. Das bestätigt auch ein ehemaliger Mitarbeiter von Google, Guillaume Chaslot, der 2013 gefeuert wurde, weil er die »Verbesserungen« des Empfehlungsalgorithmus, die Youtube eingeführt hatte, scharf kritisiert hatte. In einer Investigativrecherche des *Wallstreet Journals* half Chaslot dabei, diese Mechanismen offenzulegen. Er zeigte unter anderem, dass Leute, die sich zum Beispiel Videos über Impfstoffe angesehen hatten, als nächstes Videos von radikalen Impfgegnern zu sehen bekamen. Für die meisten Menschen dürfte damit der Spaß aufhören, denn die Fehlinformationen durch Impfgegner in den sozialen Medien sind für westliche Gesellschaften zu einem echten, lebensgefährlichen Problem geworden. So sind zum Beispiel die Masern in einigen Gegenden wieder auf dem Vormarsch, nachdem Immunologen eigentlich schon die Hoffnung hatten, sie endlich ausrotten zu können. Was Youtube unterstützt, ist ein echter zivilisatorischer Rückschritt. Es ist gefährlich.

Es gibt viele gute Gründe, Facebook und Youtube den Rücken zu kehren, und es gibt sehr gute Gründe, Google nicht als Suchmaschine zu benutzen. Ben Scott konnte in seinem Papier zeigen, dass Google durch eine sogenannte »Black Hat SEO«

manipulierbar ist. Diese Form der Suchmaschinenmanipulierung dient politisch motivierten Akteuren dazu, im Lichte besonderer Ereignisse eigene Botschaften und Propaganda so zu platzieren, dass sie bei bestimmten Suchbegriffen auf der ersten Ergebnisseite der Google-Suche weit oben auftauchen, ehe sie entdeckt und durch Google wieder entfernt werden. Man muss dazu wissen, dass statistisch gesehen ein Großteil der Nutzer niemals die zweite oder gar dritte Seite ihrer Google-Suchergebnisse aufruft, zudem gelten die obersten Ergebnisse zumeist als besonders verlässlich und seriös. Den meisten Menschen ist nicht klar, dass sie lediglich aufgrund vieler algorithmischer Annahmen bevorzugt werden. Black Hat SEO verletzt dabei zwar wissentlich die Richtlinien von Google, da der Nutzen aber für die Täter so groß ist, stört sie das wenig. So wurden zum Beispiel eine Woche nach der Wahl Donald Trumps zum Präsidenten der USA bei einer Suche nach »endgültigen Wahlergebnissen« ein Link zu einem Blog namens *70 News* in den Topergebnissen angezeigt. Auf dem Blog wurde behauptet, dass Donald Trump auch die sogenannte »Popular Vote« gewonnen hätte – eine klare Lüge. Im Januar 2017 tauchte bei einigen Suchanfragen zum Thema Geheimdienstinformationen über eine mögliche russische Einmischung in die US-Wahlen in den Topergebnissen der russische TV-Sender *Russia Today* mit der Behauptung auf, dass all das nur Lüge und Propaganda sei. Und nach dem tragischen Amoklauf in Las Vegas im Oktober 2017 führten Suchanfragen zum Thema in den Topergebnissen auf die Seiten von Verschwörungstheoretikern, die behaupteten, es sei ein IS-Anschlag gewesen. Google zieht sich auf die Position zurück, dass dies nur einzelne Ausrutscher gewesen seien.

Alle diese Beispiele verweisen auf ein Problem: Wir haben

keine Ahnung, warum uns die digitalen Giganten mit bestimmten Inhalten konfrontieren. Nicht einmal die Entwickler selbst blicken noch ganz durch bei diesen Systemen, die immer mehr lernen und von alleine ihre Schlüsse ziehen. Trotzdem nutzen alle Google, Facebook und Youtube. Was aber ist das Problem mit Amazon? – Ganz einfach: Der Internetriese verschlingt einfach alle Konkurrenten. Er macht nicht nur die Buchhändler platt, inzwischen dringt er auch auf den Videomarkt und den Logistikmarkt vor. Mit Amazon Basics verkauft er eine eigene Produktpalette, er startet eine eigene Podcastsparte, bietet Musik und sogar frische Lebensmittel an – kurz: Er will uns rundum mit allem versorgen, was wir brauchen könnten und zwar möglichst alleine. Kleinere Firmen, die möglicherweise zu Konkurrenten werden könnten, werden entweder knallhart durch eine unschlagbare Preisdrucktaktik verdrängt oder einfach aufgekauft. Und wenn das nicht gelingt, wirbt man eben ihr Personal ab und zwingt sie so in die Knie. Die Riesen wollen Quasimonopole sein. Sie werden vielleicht nie die einzigen sein, die Videos, Internetsuche oder die Vernetzung mit Freunden zum Geschäft machen, aber sie sind die Anbieter, *die fast alle nutzen.* Wenn ich als Filmemacher möchte, dass möglichst *viele* Leute mein Video sehen, muss ich zu Youtube. Wenn ich eine Zeitung habe, deren Webauftritt seine Besucher zu zwei Dritteln über meine Facebookseite bezieht, muss ich dort wohl oder übel bleiben (oder ich verprelle meine Anzeigenkunden). Wenn ich suchen möchte, kann ich immerhin statt Google auch Alternativen benutzen. Startpage etwa ist eine Art Brückenlösung, die statt meiner die Suchanfrage bei Google ausführt. Dadurch schützt sie meine Identität und leitet keine Informationen an den Datensammler über mich weiter – aber das Problem der Black Hat

SEO habe ich damit nicht gelöst, denn Startpage nutzt Google-Algorithmen. Alle alternativen Suchmaschinen, wie zum Beispiel DuckDuckGo, haben einen schlechteren Ruf – wenn sie überhaupt einen haben! Allerdings liefert DuckDuckGo inzwischen richtig gute Ergebnisse und hat den entscheidenden Vorteil, dass man für mehr Ergebnisse nicht umständlich auf die nächste Seite blättern muss, sondern einfach bequem mit der Maus scrollen kann. Dennoch setzen sich die Alternativen bislang noch nicht durch.

Das Verstörende an der derzeitigen Situation ist, dass wir die Möglichkeit zur sofortigen Emanzipation von all diesen Diensten und Plattformen ja hätten. Wir *tun* es einfach nicht. Und wenn uns gute Alternativen präsentiert werden, lassen wir diese durch unsere Ignoranz einfach vor die Hunde gehen. Beispiele dafür gibt es wie Sand am Meer. Ich selbst habe zwei Produkte sterben sehen, die mir wirklich am Herzen lagen – einfach nur, weil keiner sie nutzen wollte. Das eine war die Facebook- und Twitteralternative »app.net«, von der Sie vermutlich zum ersten Mal hören. Im Gegensatz zu den beiden anderen musste man zwar einen monatlichen Obolus zahlen, um den Dienst nutzen zu können, dafür waren die Daten aber sicher und wurden nicht benutzt, um ein solch gefährliches Werbeverkaufsmodell auf die Beine zu stellen, wie etwa Facebook es betreibt. »app.net« überlebte nicht, weil jeder wusste, dass – selbst wenn dort die Daten sicherer waren und es keine Werbung gab –, einfach zu wenige Leute dort Mitglied waren. Würden dort noch genügend Menschen mitbekommen, was man machte? Diese Angst, etwas zu verpassen oder übersehen zu werden, suggeriert uns, auf die digitalen Giganten nicht verzichten zu können. Im englischen Sprachraum hat das Gefühl sogar einen eigenen Namen bekommen: FOMO, kurz für *fear of missing out*, mit eigenem Eintrag im *Oxford Dictionary*: Wir haben Angst, dass etwas Aufregendes oder Interessantes irgendwo anders stattfinden könnte, meistens hervorgerufen durch Posts, die man in sozialen Medien gesehen hat. »app.net« ist wegen FOMO gestorben, genauso wie andere Netzwerke namens »ello« und »diaspora« (und wie sie alle heißen!).

Dabei ist eigentlich seit vielen Jahren bekannt, was am sichersten gegen die Bildung der Quasimonopole in der Informationstechnologie hilft – Open Source, also das Veröffentlichen der Programmiercodes einer Anwendung, damit die Netzgemeinde das Produkt gemeinsam verbessern kann. Schon in den 1990er Jahren wussten wir das, als die Leute sich noch über Microsoft und sein Quasimonopol auf den PCs dieser Welt aufregten. Damals wurden Linux und Libre Office als Gegenmodelle entwickelt, ebenso wie der Browser Firefox als Alternative zum Internet Explorer und der E-Mail-Dienst Thunderbird als Alternative zum ständig von Virenattacken geplagten Outlook. Aber haben wir daraus etwas gelernt? Haben wir es genutzt, um uns unabhängig zu machen, so wie es gedacht war? Leider nein.

Während das Android-Betriebssystem von Google auf Millionen von Smartphones weltweit genau dokumentiert, was die Leute machen, haben wir auch die erste echte mögliche Alternative aus dem Hause Mozilla, das erste Smartphone mit dem Datenschutzbetriebssystem »Firefox OS«, ungenutzt sterben lassen. Das endgültige Aus des Produkts gab Mozilla Anfang 2017 bekannt. Dabei war die Idee wirklich genau das, was wir dringend brauchen: größtmögliche Offenheit und Kompatibilität und Kontrolle über unsere Daten. Ich selbst hatte so ein Telefon: Ganz sicher war dieser erste Versuch nicht gerade komfortabel und hätte mit teureren Konkurrenten sowieso kaum mithalten können. Aber dafür war es mit gerade einmal 70 Euro Neuwert auch wirklich erschwinglich, und zuerst sah es auch so aus, als käme bald ein entsprechendes Premiumprodukt für die vier- bis fünffache Summe auf den Markt, das wertiger und besser zu bedienen wäre. Doch das geschah leider nie. Die Idee war super.

Digitale Emanzipation, das zeigt das Beispiel sehr gut, kommt ohne einen gewissen Leidensdruck nicht in Gang. Meine Freundin Alex spürte diesen Druck auf Facebook, als sie bemerkte, dass sie immer, wenn sie einige Stunden dort verbracht hatte, ziemlich deprimiert und teilweise voller Selbsthass war. Warum? – Weil sie dort ähnlichen Mechanismen ausgesetzt war wie denen, die ich ganz am Anfang schilderte, als ich von meiner ersten Emanzipation berichtete. Wie damals mit meiner Jugendclique dreht sich auf Facebook sehr vieles darum, den anderen zu gefallen und bei ihnen mithalten zu können, cool zu sein. Wir wollen gefallen. Wir wollen Anerkennung. Wir wollen gerne viele Likes und Sternchen und Zuspruch zu unserem ganzen Quatsch, den wir dort äußern. Haben wir uns einmal daran gewöhnt, dann geben wir das auch nicht gerne wieder her. Alex ist seit ihrer Facebook-Emanzipation jedoch viel glücklicher als zuvor. Denn vom Zuspruch der anderen ist sie nicht mehr abhängig.

Und so endet dieses kleine Buch mit einer von vielen modernen Baustellen der Emanzipation. Auch nachdem wir die Aufklärung, das Frauenwahlrecht und die Dekolonisation hinter uns gebracht haben, gibt es immer noch viel zu tun. Wir sind als Menschen vielleicht nie am Ziel, denn immer bringen neue Technologien oder neue Kulturtechniken auch Effekte mit sich, die manche, viele oder gar uns alle in einer Art beeinträchtigen können, die wir gar nicht vorhersehen können oder oft auch nicht gleich bemerken. So ist das in der digitalen Welt der Fall.

Doch auch in der Wirtschaft zum Beispiel finden wir solche Abhängigkeitsbeziehungen: Was geht denn heute noch ohne Geld? Ist die Politik nicht an viel zu vielen Stellen längst erpressbar durch die Wirtschaft? Handelt sie dann überhaupt noch in unserem eigenen Interesse, oder sind die Lobbyisten der Pharma- oder Autoindustrie einflussreicher? Viele AutorInnen widmen sich in ihren Büchern neuen Ideen des Wirtschaftens, viele Konzepte werden auf der Welt derzeit hinterfragt, und auch an den Universitäten stellen immer mehr Menschen die Frage, wie eine bessere globale Wirtschaft aussehen könnte. Es ist bei diesem Thema wie bei vielen anderen anfangs auch: Wir denken, dass es nicht anders geht. Dabei fehlt uns vielleicht nur ein wenig Zeit, um die Strukturen erst einmal genauer zu reflektieren, unsere Phantasmen zu überwinden und selbst handelnd unsere Zukunft in die Hand zu nehmen.

# Lektüretipps

Arendt, Hannah: Über die Revolution. München 2013.

Ateş, Seyran: Selam, Frau Imamin. Wie ich in Berlin eine liberale Moschee gründete. Berlin 2017.

Bauer, Franz J.: Das ›lange‹ 19. Jahrhundert 1789–1914. Profil einer Epoche. Stuttgart 2014.

Gosh, Dipayan / Scott, Ben: Digital Deceit. The Technologies Behind Precision Propaganda on the Internet. 2018. www.newamerica.org/public-interest-technology/policy-papers/digitaldeceit

el Masrar, Sineb: Muslim Girls. Wer wir sind und wie wir leben. Frankfurt a. M. 2010.

– Emanzipation im Islam. Eine Abrechnung mit ihren Feinden. Freiburg 2016.

Fromm, Erich: Die Furcht vor der Freiheit. München 2016.

Hellfeld, Matthias von: Das lange 19. Jahrhundert. Bonn 2015.

Jansen, Jan C. / Osterhammel, Jürgen: Dekolonisation. Das Ende der Imperien. München 2013.

Kaufmann, Thomas: Reformation. 100 Seiten. Stuttgart 2016.

Macchiavelli, Niccolò: Discorsi. Staat und Politik. Frankfurt a. M. 2009.

Mandela, Nelson: Der lange Weg zur Freiheit. Frankfurt a. M. 2016.

Mbembe, Achille: Kritik der schwarzen Vernunft. Berlin 2014.

Schmölzer, Hilde: Die Revolte der Frauen. Porträts aus 200 Jahren Emanzipation. Wien 1999.

Vinken, Barbara: Die deutsche Mutter. Der lange Schatten eines Mythos. München 2001.

Weber, Max: Wissenschaft als Beruf. Stuttgart 2015.

Welzer, Harald: Selbst denken. Eine Anleitung zum Widerstand. Frankfurt a. M. 2013.

Womack, Ytasha: Afrofuturism. The World of Black Sci-Fi and Fantasy Culture. Chicago, IL, 2016.

Für mehr Informationen zur 100-Seiten-Reihe:
**www.reclam.de/100Seiten**